Orientación laboral y empleabilidad. CTRO0006

Judith Abeleira Carrasco

ic editorial

Orientación laboral y empleabilidad. CTRO0006
© Judith Abeleira Carrasco

1ª Edición

© IC Editorial, 2025

Editado por: IC Editorial
c/ Cueva de Viera, 2, Local 3
Centro Negocios CADI
29200 Antequera (Málaga)
Teléfono: 952 70 60 04
Fax: 952 84 55 03
Correo electrónico: iceditorial@iceditorial.com
Internet: www.iceditorial.com

ISBN: 978-84-1184-625-7
Depósito Legal: MA 281-2025

Impresión: PODiPrint
Impreso en Andalucía – España

Nota de la editorial: IC Editorial pertenece a Innovación y Cualificación S. L.

Especialidad formativa

Se entiende por especialidad formativa la agrupación de contenidos, competencias profesionales y especificaciones técnicas que responde a un conjunto de actividades de trabajo enmarcadas en una fase del proceso de producción y con funciones afines.

Las especialidades formativas de Uso General, Formación Complementaria, Formación Modular y las especialidades formativas dirigidas a la obtención de certificados de profesionalidad se incluyen en el Fichero de Especialidades del Servicio Público de Empleo Estatal para su gestión en todo el territorio nacional por cualquier Administración competente.

Las especialidades complementarias, pertenecen todas a la Familia profesional de Formación Complementaria (FCO) y tienen la consideración de formación transversal en áreas que se consideran prioritarias tanto en el marco de la Estrategia Europea para el Empleo y del Sistema Nacional de Empleo como en las directrices establecidas por la Unión Europea. Se consideran áreas prioritarias las relativas a tecnologías de la información y la comunicación, la prevención de riesgos laborales, la sensibilización en medio ambiente, la promoción de la igualdad, la orientación profesional y aquellas otras que se establezcan por la Administración competente.

Las especialidades de Certificado de profesionalidad tienen una duración especificada en su normativa reguladora.

En el resultado de la búsqueda, se muestran las unidades de competencia, todos los módulos formativos con su duración y las unidades formativas del certificado correspondiente, con su duración. Las horas del certificado, exclusivo de las especialidades de certificado de profesionalidad, con alta igual o superior a 2008, son las horas totales más las horas del módulo de Prácticas Profesionales no Laborales.

- **Si la especialidad tiene unidades formativas,** las horas totales, presencial, distancia, teleformación serán igual a la suma de esas horas de las unidades formativas de los distintos módulos, sin que se repita ninguna Unidad formativa.

⊃ **Si la especialidad no tiene unidades formativas,** las horas totales, presencial, distancia, teleformación serán igual a las sumas de esas horas de los módulos formativos, eliminando las horas de los módulos repetidos.

https://sede.sepe.gob.es/especialidadesformativas/RXBuscadorEFRED/BusquedaEspecialidades.do

(Fuente: Servicio Público de Empleo Estatal)

Índice

OBJETIVOS GENERALES

Los objetivos generales del **CTRO0006. Orientación laboral y empleabilidad** son los siguientes:

- ⮞ Orientar la búsqueda activa de empleo mediante el uso de diferentes estrategias y recursos para contribuir al desarrollo profesional y personal.
- ⮞ Conocer y aplicar diferentes estrategias de exploración del entorno laboral y de autoconocimiento que permitan la toma de decisiones fundamentadas y el establecimiento del objetivo profesional y el plan de acción a seguir.
- ⮞ Conocer y seleccionar diferentes recursos para la búsqueda activa de empleo y saber aplicar las competencias profesionales a los procesos selectivos.

Exploración del entorno laboral y autoconocimiento

Contenido

1. Introducción
2. Comprender las bases conceptuales de la orientación laboral para el fomento de la empleabilidad
3. Conocer y aplicar estrategias de exploración del entorno y de autoconocimiento
4. Mapa de empatía para la persona en búsqueda de empleo
5. Exploración del entorno y autoconocimiento: DAFO, ventana de Johari
6. Explorar y delimitar el objetivo profesional y el plan de acción a seguir para su consecución
7. Búsqueda del objetivo profesional
8. Plan de acción. Objetivos SMART
9. Resumen

Objetivos

El objetivo general de esta unidad de aprendizaje es:

→ Conocer y aplicar diferentes estrategias de exploración del entorno laboral y de autoconocimiento que permitan la toma de decisiones fundamentadas y el establecimiento del objetivo profesional y el plan de acción a seguir.

Los objetivos específicos de esta unidad de aprendizaje son:

→ Entender los conceptos básicos de la orientación laboral para fomentar la empleabilidad.

→ Conocer estrategias para entender el entorno laboral y el autoconocimiento personal y profesional.

→ Diseñar un mapa de empatía de la persona buscadora de empleo.

→ Realizar un análisis DAFO antes de iniciar la búsqueda de empleo.

→ Definir el objetivo profesional y las estrategias para poner en práctica su plan de acción.

→ Conocer los objetivos SMART.

1. Introducción

Trabajar es una actividad que la mayoría de seres humanos debe ejercer para cubrir sus necesidades básicas de alimentación, vestimenta, vivienda, etc. Consiste en realizar unas tareas o funciones para una empresa, empresario, Administración pública, o por cuenta propia o autónoma, a cambio de una remuneración económica o en especie.

Aunque la búsqueda de empleo parece un proceso fácil, no lo es. Las situaciones personales y profesionales de cada individuo son muy diferentes, desde personas que han finalizado recientemente sus estudios y salen al mercado laboral sin saber a qué empresas postular, pasando por personas que, después de una larga trayectoria en una única empresa, se han quedado sin trabajo, o personas que se han dedicado al cuidado familiar y del hogar y, de pronto, se encuentran en la situación de tener que buscar empleo con cierta edad y sin experiencia laboral ni formación complementaria. Sin olvidar que hay personas sin o con estudios, y estos últimos, a su vez, de distintos ámbitos o sectores empresariales.

De aquí que surja la importancia del servicio de orientación laboral y empleabilidad para asesorar a las personas en búsqueda activa de empleo.

Para ello, nos centraremos en el caso de Rumboalempleo S. L., una agencia de colocación privada que presta servicios de orientación laboral y empleabilidad a personas que están en desempleo. Ofrece asesoramiento sobre cómo redactar el CV y la carta de presentación, preparación de entrevistas y vías o canales de búsqueda de empleo.

2. Comprender las bases conceptuales de la orientación laboral para el fomento de la empleabilidad

 HILO CONDUCTOR

María ha comenzado a trabajar en la agencia de colocación Rumboalempleo S. L. Es su primer empleo en este ámbito. Su compañero Luis le va a enseñar algunos conceptos básicos sobre la orientación laboral de cara a fomentar la empleabilidad

Continúa en página siguiente >>

<< Viene de página anterior

entre los usuarios que acuden a la agencia. Además, María decide investigar por su cuenta sobre estos conceptos que Luis le va a explicar.

Podemos definir la orientación laboral como el proceso de **acompañamiento y asesoramiento a la persona que se encuentra en búsqueda activa de empleo**, con la finalidad de que pueda lograr alguno de los siguientes **objetivos:**

- ➲ **Encontrar un trabajo.** Algunos usuarios pretenden encontrar un trabajo acorde a su formación y/o a su experiencia anterior. Otros, una vez agotadas las vías de encontrar algo en su sector, deciden buscar cualquier trabajo en cualquier sector, aunque no cuenten con formación ni experiencia concreta en ello, pero, por otros motivos, se sienten capaces para ciertos puestos de trabajo.
- ➲ **Reconducir su carrera profesional.** Otros candidatos buscan reconducir su carrera profesional hacia puestos que están, de alguna manera, relacionados con su profesión de manera indirecta, o hacia puestos que no tienen absolutamente nada que ver con su carrera anterior.
- ➲ **Promocionar en su carrera.** En este caso, los usuarios deciden que quieren progresar o ascender en su carrera profesional, pero no lo pueden hacer en la empresa actual, generalmente por ser empresas pequeñas.

La profesión de camarera de pisos en hoteles, aunque dispone de titulación y preparación formativa en cuanto certificados profesionales, es un trabajo al que muchas personas que no poseen estudios optan, ya que las tareas de limpieza, en principio, las puede desempeñar cualquiera.

Para comprender el concepto orientación laboral es necesario tener unas bases conceptuales.

Los **objetivos** que persigue la **orientación laboral** son los siguientes:

Mejorar la empleabilidad
Esta labor consiste en proporcionar al individuo las herramientas necesarias para que pueda desarrollar las capacidades y habilidades para encontrar un empleo y mantenerse en el mismo el mayor rango de tiempo posible.

Fomentar el autoconocimiento
Este objetivo consiste en facilitar al individuo los instrumentos para que pueda reconocer sus debilidades y fortalezas, así como sus capacidades, intereses, valores, limitaciones, etc. que le permitan tomar decisiones a la hora de tomar decisiones durante el proceso de búsqueda de empleo.

Explorar el entorno laboral
Este objetivo persigue informar al usuario sobre las tendencias, amenazas y oportunidades en el mercado laboral para alinear o encajar sus aspiraciones y habilidades con las demandas por las empresas en el mercado.

Para que los objetivos que persigue el candidato y los objetivos que persigue la orientación laboral encajen, es necesario diseñar "itinerarios de inserción" o "itinerarios individualizados de inserción". Estos itinerarios son resultantes de una combinación de **políticas activas**. No existe una clasificación unificada ni estándar. Seguiremos la de Fernández Garrido (2004), según el cual hay cuatro **modalidades:**

- **Fomento del empleo.** Las políticas activas de fomento del empleo están enfocadas a crear o a favorecer la creación de empleos, para ofrecer la oportunidad de acceso a las personas que, normalmente, no tienen la facilidad de obtener un puesto de trabajo. Estas políticas activas comprenden desde el favorecimiento del autoempleo y la incentivación de la contratación por cuenta ajena en empresas privadas, hasta la creación de puestos de trabajo en el sector público, entre otras.
- **Intermediación.** Las políticas activas de intermediación están encaminadas a engranar la oferta con la demanda, es decir, los puestos de trabajo que ofrecen las empresas con los usuarios buscadores de empleo. Por tanto, las labores o tareas se diferencian en dos vertientes:

  - La gestión de la oferta. Cribar ofertas verdaderas de las ofertas falsas o engañosas y darle gran difusión entre los demandantes de empleo.

Para esta difusión se deben utilizar todas las vías posibles actuales como pueden ser grupos de aplicaciones de chat como *Telegram* o *WhatsApp,* publicación en redes sociales, en portales de empleo, o mediante mensajes de *e-mailing* (previa autorización de la persona demandante de empleo) o el envío de boletines o *newsletters* a los candidatos suscritos de manera gratuita.

◑ La gestión de la demanda. Captar, clasificar y evaluar las diferentes candidaturas y asesorarles acerca de las opciones disponibles en el mercado, de acuerdo con los perfiles de cada persona demandante de empleo.

➲ **Orientación laboral.** Estas políticas persiguen acompañar a la persona demandante de empleo en su proceso. Este acompañamiento al candidato tiene dos vertientes también:

◑ El asesoramiento. El servicio de orientación laboral informa al candidato acerca de los puntos clave del mercado laboral por el que debe moverse el demandante de empleo en el proceso de la búsqueda de trabajo.

◑ El entrenamiento. El servicio de orientación laboral entrena, mediante simulaciones, diferentes situaciones y posibles preguntas para entrevistas de trabajo, así como indicaciones prácticas para la elaboración de un CV y una carta de presentación óptimos. Por otra parte, enseñan al usuario consejos para llevar el proceso, que pueda ser más o menos largo, desde el punto de vista de la inteligencia o gestión emocional, para tener una actitud positiva ante los posibles rechazos y no decaer durante el proceso, y a establecer estrategias para obtener resultados fructíferos y mantener la motivación, por ejemplo, creando una marca personal.

➲ **Formación para el empleo.** Estas políticas activas se enfocan en incrementar la cualificación del usuario, bien porque hace tiempo que finalizó su formación anterior, bien porque desea reconducirse y formarse en algún ámbito del cual carece formación previa, o bien para adquirir habilidades nuevas y modernas, como lo es el ámbito de la tecnología con el uso de redes sociales, competencias digitales, nubes tecnológicas o recientemente el uso de la inteligencia artificial. La mejora de la cualificación pretende establecer un engranaje entre los perfiles que requieren las empresas y los perfiles de los demandantes.

PARA SABER MÁS

En España, existen dos caminos para la formación oficial: uno a través del sistema educativo, que comprende hasta grados de FP o Formación Profesional y grados universitarios; otro a través de la FPE o Formación Profesional para el Empleo, que abarca los certificados profesionales. Recientemente, ambos sistemas han quedado regulados en una única normativa.

Accede al siguiente enlace para leer la Ley Orgánica 3/2022, de 31 de marzo, de ordenación e integración de la Formación Profesional:

<https://redirectoronline.com/ctro00060101>

Como hemos mencionado, la combinación de estas políticas activas da lugar a los **"itinerarios de inserción"** cuando van dirigidos a usuarios en general, o **"itinerarios individualizados de inserción"** cuando estos se personalizan según las necesidades y características de cada usuario. Los **principios** por los que debe regirse el servicio de orientación laboral para elaborar estos itinerarios son los siguientes:

Individualización	El itinerario debe diseñarse según las necesidades y características del demandante de empleo. Por tanto, los contenidos, el vocabulario, la temporalización y las técnicas o métodos que utilizar variarán en cada caso.
Flexibilidad	El itinerario debe permitir incorporar los ajustes necesarios, dependiendo de la actuación de cada usuario. Habrá personas que quieran y sepan seguir los consejos y sugerencias del orientador y que dispongan de tiempo completo, mientras otras necesitarán más tiempo y mejores explicaciones para llevar a cabo el plan de acción.

Continúa en página siguiente >>

<< Viene de página anterior

Autonomía	El itinerario debe potenciar la autonomía de cada participante. Cada demandante de empleo debe adquirir las habilidades y aptitudes para poder llevar a cabo el plan de acción en solitario sin la dependencia del orientador, salvo para algunos casos puntuales de consulta.

Por último, la metodología que se propone para desarrollar una **intervención** de manera óptima consta de estos **elementos básicos:**

- **La entrevista.** Es el primer paso para la toma de contacto con el demandante de empleo y conocer sus necesidades y características, así como su formación y experiencia en uno o varios sectores del mercado.
- **El sistema facilitador de inserción.** Es el segundo paso para facilitar al candidato un plan de búsqueda de empleo donde se le indiquen, de manera organizada y ordenada, unos pasos que seguir.
- **La estrategia.** Esta estrategia debe estar adaptada a los recursos económicos, materiales y temporales de la persona candidata.
- **El itinerario de inserción.** La intervención debe estar basada en un itinerario de inserción genérico o, más recomendable, individualizado. En el segundo caso el usuario se sentirá protagonista y responsable de su propio proceso de búsqueda de empleo.

3. Conocer y aplicar estrategias de exploración del entorno y de autoconocimiento

 HILO CONDUCTOR

En Rumboalempleo S. L., Luis conoce bien las estrategias para explorar el entorno laboral, lo cual les sirve a ellos como orientadores para conocer y contactar con las empresas, y para informar y asesorar a los usuarios. También conoce estrategias del autoconocimiento para enseñar a los candidatos a conocerse a sí mismos a nivel personal y profesional. Luis va a enseñar a María, su nueva compañera, acerca de todas estas estrategias.

La exploración del entorno laboral y el autoconocimiento son los dos elementos principales para emprender el proceso de la búsqueda activa de empleo.

El primero permite conocer el mercado laboral y saber dónde buscar. El segundo permite conocerse a sí mismo y saber qué buscar, qué tipo de empleo y qué condiciones debe tener ese empleo que hay que buscar.

La **exploración del entorno** laboral consiste en una investigación del conjunto de empresas que conforman el mercado o el sector al que el individuo se quiere dedicar. Esta investigación debe abarcar tres **aspectos del mercado empresarial:**

- **Las tendencias actuales.** Las corrientes actuales vienen definidas por los gustos y las preferencias tanto de las empresas como de los candidatos. Las tendencias de las empresas vendrán definidas, en su mayor parte, por las tendencias de su demanda o clientes. Por ejemplo, es muy usual que la gran mayoría de las empresas aboguen por el uso y aplicación de la tecnología, ya que la clientela actual demanda inmediatez, seguridad y calidad a la hora de adquirir productos y/o servicios. Por otra parte, los candidatos actuales, principalmente los jóvenes, aunque no siempre tan jóvenes, tienen una percepción moderna del trabajo que no tiene nada que ver con la percepción tradicional.
- **Habilidades demandadas.** Aquí diferenciamos dos tipos de habilidades:

  - Habilidades duras o técnicas *(hard skills)*. Son las propias y concretas requeridas para un puesto de trabajo, como pueden ser idiomas, programas informáticos específicos, técnicas de venta, conocimientos de *marketing,* competencias digitales, etc.
  - Habilidades blandas o sociales *(soft skills)*. Estas habilidades o competencias se pueden requerir para cualquier tipo de puesto de trabajo, ya que están más relacionadas no tanto con las tareas del puesto, sino con la relación entre personas y el carácter o personalidad del individuo, como puede ser la organización, el autocontrol, el comportamiento o saber estar, la comunicación, etc.

- **Oportunidades emergentes.** Las oportunidades emergentes son circunstancias o situaciones que surgen de una manera súbita e inesperada. A diferencia de las tendencias que se ven venir porque suceden poco a poco, pero *in crescendo,* la oportunidad emergente surge de pronto y de manera inesperada, con un crecimiento rápido a modo de explosión. Por ejemplo, cuando surgieron nuevas oportunidades tecnológicas como los canales de las aplicaciones de chat *WhatsApp* o *Telegram.* Algunos grupos profesionales crean comunidades en las que publican ofertas de empleo. Estas oportunidades que ofrece el denominado "mercado oculto de las ofertas" no las puede desperdiciar el candidato, que suele enterarse de casualidad.

TAREA 1

Beatriz está buscando empleo como agente de viajes en su municipio y en otras localidades en un radio de 30 km. También le interesa la posibilidad de trabajar en remoto. Ha encontrado la siguiente oferta de empleo:

Descripción del puesto de agente de viajes

En Viajes por el mundo, estamos buscando una persona para cubrir la vacante de agente de viajes. Esta persona será la encargada de asesorar a los clientes y brindarles una atención personalizada, así como de planificar y asegurar la experiencia de viaje como un éxito.

Requisitos:

- **Experiencia previa como agente de viajes o similar mínima de 2 años.**
- **Inglés B2. Se valorarán otros idiomas.**
- **Estudios relacionados con el sector turístico (grados universitarios, certificados de profesionalidad, grados de FP, etc.).**
- **Dominio del *GDS Amadeus.***
- **Capacidad para emitir billetes de transporte y gestionar reservas de paquetes turísticos.**
- **Experiencia en gestión de reservas de servicios sueltos.**
- **Habilidades para relacionarse con turoperadores y centrales de reservas.**
- **Excelente comunicación y atención al cliente.**
- **Capacidad de trabajo en equipo y bajo presión en temporada alta.**

Se ofrece:

- **Equipo de trabajo joven, dinámico y colaborativo.**
- **Posibilidad de desarrollo y crecimiento profesional y personal.**
- **Salario 10 % por encima del convenio más incentivos 1 % sobre ventas en los meses de mayo a octubre.**
- **Formación continua.**
- **Movilidad en los departamentos operacionales: mercado familias, lunas de miel, estudiantes y tercera edad.**

Continúa en página siguiente >>

<< Viene de página anterior

Ayuda a Beatriz a identificar las habilidades duras o técnicas y las habilidades sociales o blandas requeridas y necesarias para desempeñar el puesto de trabajo de esta oferta que acaba de encontrar.

Solución

Habilidades duras o técnicas:

- Experiencia previa de 2 años
- Inglés B2 y otros idiomas
- Estudios relacionados con el sector turístico
- Dominio del *GDS Amadeus*
- Capacidad para emitir billetes de transporte y gestionar reservas de paquetes turísticos
- Experiencia en gestión de reservas de servicios sueltos

Habilidades blandas o sociales:

- Habilidades para relacionarse con proveedores
- Excelente comunicación y atención al cliente
- Capacidad de trabajo en equipo y bajo presión
- Dinamismo y colaboración
- Receptivo a formación
- Receptivo a movilidad en los departamentos operacionales

3.1. Técnicas

Las **técnicas más comunes para explorar el entono laboral** son las siguientes (no son exclusivas unas de otras, sino que se pueden dar varias al mismo tiempo):

➲ ***Networking.*** Es la acción de crear y mantener una red de contactos de calidad. A través del *networking* puedes estar actualizado de las últimas noticias y tendencias de tu sector, recibir consejos de profesionales e, incluso, ofertas de empleo. El *networking* puede ser:

◍ **Presencial.** De manera tradicional u *offline*. Consiste en relacionarte con el mayor número de personas posible y decirles que estás en búsqueda de empleo. Por ejemplo, puedes asistir a eventos deportivos, sociales, culturales, etc.

◌ **Online.** Se trata de crear una red *online* a través de las redes sociales y redes profesionales. Aquí se abren varias opciones como:

  ⇕ Aceptar sugerencias de las propias redes porque el algoritmo detecta que seguís los mismos intereses.

  ⇕ Buscar perfiles de personas que cursaron en su día los mismos estudios que tú, ya que un porcentaje estará ejerciendo de ello, y otro porcentaje habrá reconducido su carrera, lo cual te puede aportar alguna idea al respecto.

  ⇕ Buscar perfiles de antiguos compañeros o amigos que, de cursos de estudios básicos o inferiores que, probablemente, vivan en la misma localidad y puedas establecer un encuentro presencial.

  ⇕ Buscar los perfiles *hiring* de reclutadores o *recruiters,* cazatalentos o *headhunters,* personal de recursos humanos (RR. HH.) de las empresas, etc.

  ⇕ Buscar perfiles de antiguos proveedores o clientes, bien como empresas o como profesionales, si has trabajado anteriormente en tu sector.

  ⇕ Unirte a grupos o comunidades relevantes de tu ámbito.

➲ **Plataformas de empleo y redes sociales profesionales.** En las plataformas de empleo se publican ofertas de empleo. Para ello, debes registrarte como usuario, subir o insertar tu CV y configurar los avisos o alarmas para que puedas recibir en tu *e-mail* o móvil las ofertas de empleo y postular en ellas. También sirven para que hagas búsquedas mediante filtros de profesión, ciudad u otros criterios. Las redes sociales y/o profesionales ofrecen ofertas de empleo en sus secciones concretas y "ofertas de empleo del mercado oculto", que son ofertas que no se publican como tal, sino que suelen ser publicadas por los propios perfiles profesionales de quienes las ofrecen. Por ejemplo, puedes seguir (como seguidor o *follower)* en estas redes a perfiles influyentes en tu sector (*youtubers, tiktokers, instagrammers,* etc.).

➲ **Asistencia a eventos y ferias de empleo.** Consiste en asistir a charlas, jornadas, talleres, eventos, ferias de muestras, ferias de empleo, conferencias, reuniones, exposiciones, seminarios, etc., bien de tu propio sector o generalistas, para conocer a ponentes, organizadores y asistentes. No olvides, una vez que los conozcas, buscar sus perfiles en las redes sociales y/o profesionales.

➲ **Lectura informativa.** Algunas instituciones y organismos públicos o privados realizan estudios de sectores concretos o estudios generalistas que te pueden aportar información sobre la situación del mercado, la economía, la política o la sociedad, en general o de un sector particular. Puedes conseguir esta información que realizan universidades, cámaras de comercio, asociaciones o federaciones de empresarios, revistas especializadas, periódicos de índole nacional, entidades financieras, páginas web de Internet, informes de organismos internacionales como la OMT (Organización Mundial del Turismo), la OMS (Organización Mundial de la Salud), la ONU (Organización de Naciones Unidas), la UNESCO (Organización de las Naciones Unidas para la Educación, la Ciencia y la Cultura), organizaciones no gubernamentales (ONG), grandes empresas privadas, el INE (Instituto Nacional de Estadística), etc.

Existen redes profesionales, como LinkedIn, donde se puede buscar trabajo. Sin embargo, existen otras redes sociales como Facebook, Instagram, X, TikTok, etc., que comparten posts, vídeos, fotos, etc., sobre búsqueda y ofertas de empleo si se sigue a los perfiles adecuados. Fuente: Primakov / Shutterstock.com

Esta exploración del entorno te va a ayudar a alcanzar estos **objetivos:**

- **Ajustar el perfil profesional.** Conociendo toda la información respecto a tendencias, habilidades, oportunidades y, en definitiva, la situación del entorno laboral, va a permitir que el candidato adecúe su perfil profesional a los requerimientos actuales por parte de los empleadores. Por tanto, el candidato podrá adquirir habilidades, certificaciones o carnés de los que carece, o resaltar en su CV funciones o competencias solicitadas, y adaptarlo a lo que requieren las ofertas de su sector.
- **Segmentar los empleadores potenciales.** El candidato puede focalizar su búsqueda en aquellas empresas que le interese por encontrar que hay más potencial en ser contratado, ya que muestren oportunidades de desarrollo profesional, reconocimiento u otras oportunidades.
- **Definir expectativas.** El candidato, sabiendo la situación del entorno laboral, puede definir sus expectativas de salario, horarios, vacaciones o tiempo libre, beneficios o privilegios u otras condiciones de trabajo.
- **Negociar.** Una vez definidas sus expectativas, el candidato tendrá la capacidad para negociarlas en una entrevista de trabajo.

3.2. El autoconocimiento

El **autoconocimiento** es el conocimiento de uno mismo. La finalidad del autoconocimiento es que el individuo sea consciente de sus habilidades, destrezas, debilidades, fortalezas, intereses y valores. Este conocimiento de sí mismo le va a ayudar a la toma de decisiones relacionadas con las estrategias que aplicar para enfocar su búsqueda de empleo. Se trata de que el candidato adapte su valía personal y profesional en armonía con lo que demanda el entorno laboral. Al tener claro qué busca, la búsqueda de empleo puede ser más eficiente y eficaz.

Las **técnicas más utilizadas para el autoconocimiento** son:

- **Análisis DAFO y CAME.** Este análisis ayuda a conocerse de manera interna (debilidades y fortalezas) y de manera externa (amenazas y oportunidades). El análisis CAME ayuda a perfeccionar a la persona, estableciendo estrategias para corregir las debilidades, afrontar las amenazas, mantener las fortalezas y explotar las oportunidades.
- **Evaluación de habilidades.** Se trata de seleccionar de una lista de habilidades duras y habilidades blandas, aquellas que el candidato cree poseer y evaluar el nivel de cada una de ellas, para saber si las necesita mejorar.
- **Identificación de valores.** Se trata de hacer un análisis ético y moral. Conocer los principios y valores que van acordes a la personalidad del postulante. Esto ayuda a saber si su ética y moral se alinea con la de la cultura de la empresa o del sector.
- **Revisión de logros pasados.** Revisar los logros alcanzados en el pasado, tanto a nivel profesional como personal, ayuda a conocer tus capacidades y habilidades, así como las circunstancias o factores que rodearon el proceso de alcanzar ese logro. Puedes encontrar patrones que se repiten en todos o en varios de ellos.
- *Feedback* **o retroalimentación de terceros.** La opinión o lo que lo demás dicen de ti puede ser de gran ayuda para conocer tus virtudes y tus defectos. Puedes preguntar a familiares o amigos, pero también es importante que recuerdes si en otros trabajos anteriores te calificaban de alguna manera. A veces, nos comportamos de una manera con los amigos y de manera distinta en el trabajo. Por lo que casi tiene más validez si, en algún momento, en el ámbito laboral alguien te ha comentado que eres muy organizado, muy ordenado, muy resolutivo, muy puntual, etc. Esa cualidad por parte de un compañero o un mando intermedio o superior tiene más validez que la que te puede decir un familiar o amigo desde el cariño y la confianza.
- **Ejercicio de visualización.** Consiste en visualizar cómo sería un día de trabajo ideal para ti: qué horario te gustaría tener, qué tipo de compañeros desearías compartir tu tiempo y espacio, qué tipo de tareas te gustaría

desempeñar, etc. Esto te ayudará a aclarar cuáles son tus aspiraciones y tus metas.

⮑ **Diario personal-profesional.** Consiste en escribir un diario personal en lo referente a lo profesional, es decir, escribir acerca de tus pensamientos, sentimientos, emociones, vividos en tus experiencias laborales anteriores. Cómo te has sentido, qué tareas te han gustado o no, qué factores o situaciones te han incomodado o no, etc. Esto ayuda a que la persona perciba su propia evolución a lo largo del tiempo.

⮑ **Mapeo de carrera.** Consiste en hacer un mapa de tu carrera profesional. Se apuntan todos los trabajos anteriores y la formación para identificar patrones comunes, áreas de interés y habilidades transversales o comunes.

⮑ *Ikigai.* Es una técnica japonesa en la que se trata de buscar la razón de ser, el propósito en la vida.

La técnica japonesa de Ikigai consiste en preguntarse qué es lo que te gusta, qué es lo que el mundo necesita, por qué te pagarían y en qué eres bueno. Ahí donde confluyen las respuestas que se van entrelazando por áreas, se alcanza el ikigai, razón de ser o propósito en la vida.

Los **objetivos que persigue el autoconocimiento** son los siguientes:

Identificar puestos y sectores alineados
Una vez que el candidato tiene claro cuáles son sus habilidades y destrezas, es más fácil que identifique qué puestos y qué sectores van más acorde con su profesionalidad y personalidad. Esto hará que la búsqueda de empleo desemboque en éxito y, a largo plazo, se permanezca en el puesto de trabajo conseguido.

Personalizar el CV y la carta de presentación
El autoconocimiento permitirá destacar en el CV y la carta de presentación las habilidades, destreza e intereses del candidato, esbozando un perfil más ajustado a la oferta de empleo.

Preparar las entrevistas
El auténtico conocimiento de sí mismo facilitará las respuestas a la hora de enfrentarse al momento de la entrevista de trabajo, respondiendo con seguridad y confianza a las preguntas que formulen entonces.

Una persona que ha practicado el autoconocimiento en el proceso de la búsqueda de empleo tendrá más opciones de respuesta ante una pregunta, además de responder de manera sincera, firme y segura. Incluso podrá hilar unas respuestas con otras, dando coherencia y determinación a su discurso.

4. Mapa de empatía para la persona en búsqueda de empleo

☞ HILO CONDUCTOR

En Rumboalempleo S. L., Luis le está enseñando a María qué es un mapa de empatía. Es importante ser empático y entender al usuario, ya que cada uno tiene distintas motivaciones y objetivos en la búsqueda de empleo. María no había escuchado nunca acerca de esta herramienta y por ello va a estar muy atenta a todo lo que Luis le va a explicar.

- -

El **mapa de empatía** es una de las herramientas utilizadas en los servicios de orientación laboral, para ponerse en el lugar del candidato, es decir, para entender mejor sus motivaciones y expectativas respecto a la búsqueda de empleo. Esta herramienta ayuda a entender los sentimientos, los pensamientos y las necesidades en el contexto específico de la búsqueda de empleo.

El mapa de la empatía se divide en **seis secciones,** que acaparan aspectos de la experiencia en el ámbito profesional de la persona.

Estas seis secciones responden a las siguientes preguntas:

- ➲ **¿Qué piensa y qué siente?** En este apartado se trata de descubrir los pensamientos y las emociones internas del candidato durante el proceso de búsqueda de empleo. Aunque los pensamientos y emociones son muchos y variados, los podemos agrupar en:

  - ◉ **Inseguridad y ansiedad.** Es una perspectiva negativa. El candidato se puede sentir inseguro hacia sus habilidades y destrezas, y sentir ansiedad ante la incertidumbre de cómo le percibirán los reclutadores.
  - ◉ **Esperanza y motivación.** Es una perspectiva positiva. El candidato está casi seguro de que encontrará trabajo. No duda de sí mismo y afronta con seguridad todos los retos que se le presentan durante el proceso.
  - ◉ **Autocrítica.** Es una perspectiva objetiva. El candidato puede asumir sus fallos y aciertos durante el proceso de la búsqueda de empleo, enmendando los errores y sin exagerar o entusiasmarse demasiado en los aciertos.

○ **¿Qué escucha?** En este apartado, el orientador laboral pretende conocer las influencias externas que rodean al candidato. Pueden ser:

○ **Consejos u opiniones de familiares y amigos.** Los comentarios de los seres del entorno cercano del candidato pueden influir de manera negativa o positiva en la actitud frente al proceso de búsqueda de empleo, ya que se pueden sentir valorados y animados por su núcleo cercano o, por el contrario, minusvalorados y desmotivados.

○ **Mensajes procedentes de los medios y las redes sociales.** En muchas ocasiones, en este tipo de medios y redes se escuchan infinidad de historias de éxito, que pueden crear falsas expectativas en el candidato y puede provocar decepción o baja autoestima, al percibir que no llega a alcanzar el éxito soñado.

○ *Feedback* **o retroalimentación de reclutadores,** *coaches* **profesionales, otros orientadores y entrevistadores.** Este tipo de comunicación es muy directa con el candidato y, además, procedente de personas profesionales o expertas en el asunto de la búsqueda de empleo. Ello puede influir en la autoevaluación y en las estrategias que aplicar en el proceso de búsqueda.

○ **¿Qué ve?** En este apartado se anota lo que el candidato percibe o ve a su alrededor en el proceso de búsqueda de empleo. Esta percepción del candidato puede consistir en:

○ **Oportunidades laborales.** La visibilidad de ofertas de empleos y vacantes, así como de las tendencias en el entorno laboral pueden hacer que el candidato encuentre oportunidades y desafíos en el proceso, o no ante la falta de estos.

○ **Experiencias de otros buscadores de empleo.** El candidato puede recibir experiencias de otros que estén en su misma situación de búsqueda de empleo. Estas experiencias pueden ser positivas o negativas, y esto puede incidir en la motivación y ánimo del candidato en cuestión.

○ **Entorno personal y profesional.** El entorno personal o próximo del candidato, así como su entorno profesional o red de contactos o *networking,* influyen de alguna manera en que el candidato vea el proceso de búsqueda de empleo con mayor o menor entusiasmo y probabilidad de éxito.

○ **¿Qué dice y hace?** En esta sección se anotan las palabras y las acciones del candidato respecto al proceso de búsqueda de empleo. Esto se basa en tres vertientes:

○ **Acciones de búsqueda activa.** El orientador laboral debe asesorar al candidato sobre la realización del CV y la carta de presentación, postular a las diferentes ofertas, crear y mantener *networking*, buscar las páginas web de aquellas empresas donde le gustaría trabajar y postular a ellas, preparar y participar en entrevistas, etc.

◗ **Comunicación verbal y no verbal.** El orientador puede observar cómo se expresa el candidato de manera oral y escrita (a la hora de redactar el CV y la carta de presentación), así como la imagen que proporciona cuando se presenta a una entrevista y el lenguaje corporal que proyecta a través de su imagen. Se le pueden instruir algunas pautas al respecto para que aumente su seguridad y confianza.

◗ **Interacciones en redes profesionales**. Empatizar con el candidato también es observar su manera de interactuar en las redes profesionales *online* y presenciales cuando acude a eventos de *networking*.

➲ **¿Cuáles son sus dolencias? - Esfuerzos.** Como resultado de los apartados anteriores, se puede concluir cuáles son las dolencias o esfuerzos en el proceso de búsqueda de empleo: frustración al rechazo constante, decepción ante la falta de *feedback* o respuesta por parte de los entrevistadores o reclutadores, la gran competencia de otros candidatos en el entorno laboral, la sensación de llegar a un punto de estancamiento donde no se avanza más en el proceso porque ha postulado a todo, etc. Estos esfuerzos pueden afectar de manera negativa a su estado de ánimo y motivación en el proceso.

➲ **¿Cuáles son sus aspiraciones? - Resultados.** También como conclusión de los primeros cuatro apartados, se puede resumir que el candidato tiene aspiraciones o cuenta con obtener resultados. Está convencido de que encontrará un trabajo estable que le permitirá promocionarse en su carrera o nueva empresa, y/o que va a estar alineado con sus valores y sentimientos.

 SABÍAS QUE...

Además de la búsqueda activa de empleo (BAE) existe la búsqueda pasiva.

La búsqueda pasiva es la búsqueda tradicional, consistente en responder a ofertas de empleo publicadas en diferentes fuentes, y que son, más o menos, de fácil acceso a la mayoría del público. Otros autores engloban aquí aquellas situaciones en las que el candidato está en su puesto de trabajo y es llamado o requerido por otra empresa que le busca, aunque en contrapunto otros autores discrepan al afirmar que el candidato no está buscando trabajo, ni de forma activa ni de forma pasiva.

Continúa en página siguiente >>

<< Viene de página anterior

La búsqueda activa va más allá. En la búsqueda activa el candidato trata de crear marca personal, *networking*, busca qué empresas y qué puestos le interesan, y postula a ellos sin necesidad de que exista una oferta como tal. Aquí quedarían englobadas las autocandidaturas.

5. Exploración del entorno y autoconocimiento: DAFO, ventana de Johari

 HILO CONDUCTOR

Otras dos herramientas que utilizan en Rumboalempleo S. L., para explicarles a los candidatos en su ayuda al autoconocimiento son el análisis DAFO y la ventana de Johari. Así que María va a investigar sobre estas dos herramientas, para después poder explicárselas de manera detallada a los usuarios buscadores de empleo.

Dos técnicas en las que vamos a profundizar a la hora de que el candidato pueda realizar el autoconocimiento para la búsqueda de empleo son el análisis **DAFO** y la **ventana de Johari.**

El análisis DAFO es un análisis interno y externo del individuo de manera personal y profesional. Las siglas provienen de **debilidades, amenazas, fortalezas y oportunidades.** Las debilidades y las fortalezas son factores internos del individuo; las amenazas y las oportunidades, factores externos del individuo.

En esta matriz se observa cómo las debilidades y fortalezas son factores internos de la persona, mientras que las amenazas y oportunidades son factores externos. Por otra parte, las debilidades y amenazas son factores negativos u obstaculizadores, mientras que las fortalezas y oportunidades son factores positivos o facilitadores en el proceso de la búsqueda de empleo.

Aplicado a la búsqueda de empleo, las **debilidades** pueden ser la falta o carencia de estudios, idiomas, programas informáticos, etc., es decir, la falta de habilidades duras y blandas, o algún aspecto negativo de la personalidad como la timidez, la introversión, etc., el desconocimiento del entorno laboral por no haber ingresado nunca en él (propio en las personas que buscan empleo por primera vez y nunca han trabajado en el mercado laboral).

Por el contrario, las **fortalezas** son el conocimiento o la posesión de las habilidades duras y blandas, una personalidad definida y extrovertida, o el conocimiento del mercado laboral por haber trabajado anteriormente, incluso la posesión de una red de contactos de proveedores y clientes, una larga trayectoria y experiencia profesional, además de una reciente ya actualizada formación, etc.

En cuanto a las **amenazas** o factores externos, se podrían considerar la gran competencia de candidatos para ciertos puestos de trabajo no cualificados a los que opta el público general, o una crisis económica nacional o mundial que hace que cada vez haya más gente en el paro buscando empleo, al mismo tiempo que se cierran empresas y las que quedan en el mercado reducen sus plantillas, lo que provoca menor oferta de empleo y mayor demanda.

Por el contrario, las **oportunidades** serían la existencia de un gran desarrollo económico que hace que proliferen y emerjan nuevas empresas ocasionando mayor posibilidad de encontrar empleo, al haber mayor oferta y menor demanda. Se puede considerar oportunidad que tu ciudad o municipio donde buscas empleo sea una localidad donde prima el sector al que te dedicas: turismo, industria, servicios, comercio, banca, agricultura, ganadería, etc.

Las debilidades (factores internos) y las amenazas (factores externos) son factores obstaculizadores que dificultan las estrategias a la hora de buscar empleo. Sin embargo, las fortalezas (factores internos) y las oportunidades (factores externos) son factores facilitadores para la búsqueda de empleo.

De ahí que el análisis CAME venga ligado al análisis DAFO, es decir, el candidato debe establecer las estrategias para corregir las debilidades, afrontar las amenazas, mantener las fortalezas y explotar las oportunidades.

 **APLICACIÓN PRÁCTICA**

Juan se encuentra en búsqueda de empleo. Como técnica de autoconocimiento ha utilizado el análisis DAFO. Ha llegado a la siguiente conclusión aplicada a su búsqueda de empleo en el sector comercio de su municipio, que es un gran destino turístico:

DAFO	CAME
Debilidades	**Corregir**
Recursos económicos escasos	
Desconocimiento del entorno laboral	
Escasa red de contactos	
Amenazas	**Afrontar**
Mucha competencia desconocida	
Crisis económica nacional	
Fortalezas	**Mantener**
Dominio de 3 idiomas	
Experiencia laboral de más de 10 años en una empresa	
Oportunidades	**Explotar**
Auge del teletrabajo o trabajo en remoto	

Continúa en página siguiente >>

<< Viene de página anterior

Ayuda a Juan a completar el análisis CAME para poder definir estrategias en el proceso de búsqueda de empleo como trabajador en comercio.

Solución

DAFO	CAME
Debilidades	**Corregir**
Recursos económicos escasos	Enviar CV *online* y en plataformas de empleo, evitando imprimir CV en papel. Optar por entrevistas en videollamada en lugar de desplazarse fuera de su municipio.
Desconocimiento del entorno laboral	Investigar en Internet sobre su entorno laboral de comercio, es decir, investigar cuántos y qué tipo de comercios hay en el municipio.
Escasa red de contactos	Ampliar su red de contactos por las redes *online* como informar sobre su situación a todos sus contactos presenciales.
Amenazas	**Afrontar**
Mucha competencia desconocida	Actitud positiva y de autoestima alta para no desmotivarse ni hacerse valer de menos.
Crisis económica nacional	Actitud positiva en cuanto a que, aunque haya una crisis económica nacional, hay empresas que continúan con su actividad de apertura.
Fortalezas	**Mantener**
Dominio de 3 idiomas	Seguir estudiando, leyendo, hablando y escuchando películas o *podcast* en esos idiomas, para no perder fluidez.
Experiencia laboral de más de 10 años en una empresa	Recalcar en el CV y carta de presentación esa experiencia, además de resaltar las habilidades técnicas y sociales adquiridas durante esa experiencia.

Continúa en página siguiente >>

<< Viene de página anterior

Oportunidades	Explotar
Auge del teletrabajo o trabajo en remoto	Aprovechar que algunos comercios disponen de una vía de venta *online* y puede gestionar esa línea de venta.
Su municipio es de carácter turístico	Es probable que un gran porcentaje de la clientela sean turistas y él cuente con la ventaja de dominar 3 idiomas.

5.1. Ventana de Johari

Otra de las técnicas de autoconocimiento es la **ventana de Johari.** Esta herramienta sirve, además del autoconocimiento, para mejorar la comunicación y las relaciones interpersonales.

En la ventana de Johari aparecen las cuatro áreas relacionadas entre sí por la percepción de uno mismo y la proyección que los demás perciben de ese individuo.

En uno de los ejes el individuo valora lo que conoce de sí mismo y lo que desconoce de sí mismo. En el otro eje, lo que los demás conocen o desconocen del individuo. De este modo se originan **cuatro áreas:**

- **Área pública.** En el área pública se recoge lo que yo sé sobre mí y los demás conocen sobre mí. Generalmente, porque de alguna manera yo lo he mostrado.
- **Área ciega.** En el área ciega se recoge lo que yo desconozco sobre mí, pero los demás sí conocen sobre mí; es decir, lo que yo no veo y los demás sí.
- **Área oculta.** En esta área se recoge lo que yo conozco sobre mí, pero los demás no saben de mí. Generalmente, porque yo no lo cuento ni lo muestro.
- **Área desconocida.** En esta área se recoge lo que yo no sé sobre mí ni los demás tampoco saben sobre mí. Es algo tan oculto que no lo muestro a los demás porque ni siquiera soy consciente como para mostrarlo.

NOTA

Conocer estas cuatro áreas de nosotros mismos, además de ayudarnos al auto-conocimiento, ayuda a que podamos mejorar la comunicación en las relaciones interpersonales con los demás. Podemos descubrir qué tipo de información proporcionamos o no a los demás de manera consciente o inconsciente.

6. Explorar y delimitar el objetivo profesional y el plan de acción a seguir para su consecución

☞ HILO CONDUCTOR

Luis le ha explicado a María que una de las primeras actividades que aplican a la hora de atender a un usuario es la de proponerle la realización de un plan de acción antes de comenzar la búsqueda de empleo. Por ello, María decide informarse muy bien acerca de cómo realizar un plan de acción para así poder asesorar y ayudar a los usuarios.

Antes de que el candidato comience a buscar empleo, es importante que diseñe un plan de acción o planificación sobre el proceso.

En toda planificación existen varias fases o apartados que tener en cuenta:

- **Objetivos.** Son las metas o finalidades que se persigue mediante el plan de acción.
- **Diagnóstico.** Es la situación o circunstancias desde las que se parte. En el caso de la búsqueda de empleo, aplicar las técnicas de autoconocimiento que hemos estudiado ayudará a que el candidato conozca sus virtudes y sus defectos.
- **Estrategias.** Son las técnicas y métodos que aplicar para mejorar o destacar esas virtudes o parte positiva del candidato y, minorar la parte negativa. Son las acciones que se van a llevar a cabo para encontrar empleo.
- **Control o seguimiento.** Son las herramientas que se van a utilizar para hacer el seguimiento de las estrategias. En caso de detectar errores en el proceso, deben ser corregidos inmediatamente para no prorrogarlos en el tiempo.
- **Evaluación.** La evaluación es un sistema que permite comprobar si se están obteniendo los resultados u objetivos previstos.
- **Presupuesto.** Es la traducción del plan en unidades monetarias. Generalmente, la búsqueda de empleo no requiere de un presupuesto elevado. Pero si bien un candidato se marca como objetivo asistir a un evento presencial al mes, deberá tener en cuenta el coste de desplazamiento y/o manutención, por ejemplo. Si ha decidido formarse durante el período de búsqueda, hay cursos que son gratuitos y otros que son de pago, etc.

El **objetivo principal** de la búsqueda de empleo es encontrar un trabajo; en cambio, el **objetivo profesional** es aquel que, además, está relacionado con la carrera profesional del candidato. El objetivo profesional puede estar enfocado tanto a la adquisición de experiencia nueva como la adquisición de formación. Por ejemplo, encontrar un trabajo relacionado con su formación y/o experiencia, encontrar un trabajo remunerado por una cantidad mínima, promocionarse en su carrera profesional y ascender a puestos de una escala superior en la jerarquía del sector, reconducir la carrera profesional a otros sectores indirectamente relacionados o que no tienen nada que ver con la carrera original, etc. Además, puede tener como objetivo formarse profesionalmente realizando cursos, certificados profesionales, másteres, etc.

Este objetivo profesional se puede dividir o fraccionar en objetivos más pequeños y concretos para su consecución, que veremos posteriormente en el último epígrafe de la presente unidad didáctica.

7. Búsqueda del objetivo profesional

☞ **HILO CONDUCTOR**

María ha aprendido que, en el plan de acción para la búsqueda de empleo, una de las cosas primordiales es la determinación del objetivo profesional. Aparentemente, el objetivo siempre es "encontrar un trabajo", pero el objetivo profesional va más allá, ya que conlleva que el candidato no pierda la perspectiva de su carrera profesional. Así que María va a investigar más profundamente a este respecto.

A quien quiera que le preguntemos cuál es el objetivo de una persona en búsqueda de empleo, contestará que es encontrar un trabajo. Pero, ¿qué trabajo? ¿Cualquier empleo? ¿Con cualquier sueldo y bajo cualquier condición laboral? Pues no. No vale cualquier cosa. La respuesta dependerá de las características y circunstancias de cada candidato.

El **objetivo profesional** es la meta o finalidad que persigue la persona demandante de empleo. Este objetivo puede variar según los siguientes **factores:**

- **La etapa de la vida profesional.** Es probable que el objetivo profesional de una persona que ha terminado sus estudios recientemente y que no ha trabajado nunca en su vida sea diferente al de una persona que lleva 30 años en el mercado laboral.
- **Los ingresos o situación económicos.** Es probable que el objetivo profesional difiera entre una persona que cuenta con ingresos económicos por una prestación por desempleo o de otras personas convivientes como padres o pareja, y entre personas que no ingresan nada de dinero. Igual que difiere entre personas que tienen un remanente o "colchón" económico con el que pueden continuar son ingresar dinero un tiempo, de personas que no cuentan con ese remanente porque han vivido muy al día y no han tenido apenas capacidad de ahorro.
- **Las aspiraciones personales.** Algunos demandantes aprovechan el período de desempleo o de búsqueda de empleo para formarse, por lo que el objetivo profesional es doble, en cuanto a conseguir trabajo y formación. Otros persiguen aspiraciones económicas, por ejemplo, conseguir un trabajo con una remuneración mínima por encima del SMI o salario mínimo interprofesional.
- **Los valores.** Hay usuarios que persiguen promocionarse en su carrera profesional y ascender de nivel.

⮥ **Las oportunidades disponibles.** Algunos aprovechan que se han quedado en desempleo como oportunidad para reconducir su carrera profesional hacia otros sectores.

IMPORTANTE

Definir muy bien el objetivo profesional va a facilitar la toma de decisiones para el desarrollo profesional y/o personal.

- -

El objetivo profesional debe ser flexible y adaptable, es decir, que se pueda replantear según varíen las circunstancias personales o se produzcan cambios en el entorno laboral. Principalmente, cuando el proceso de búsqueda de empleo se prorroga en el tiempo. Por esto el planteamiento de un objetivo profesional presenta diferentes **retos o desafíos:**

⮥ **Falta de claridad.** Algunas personas no tienen claro qué buscan, bien porque finalizaron recientemente su formación y no saben por dónde enfocarse, o bien porque tienen gran trayectoria profesional dentro de una empresa y, fuera de ella, no saben qué hacer. También se da el caso de personas que relacionan unas profesiones concretas con ciertos estudios y solo conocen esas salidas profesionales, sin pensar que a lo mejor hay un abanico más amplio de opciones.

⮥ **Incertidumbre en el mercado laboral.** El entorno laboral es muy cambiante. Además de una crisis económica, que puede sorprender en cualquier momento por cualquier acontecimiento inesperado, el avance de la tecnología a pasos agigantados obliga a que el usuario demandante de empleo tenga que aplicar ajustes rápidos en su formación o en las estrategias de la búsqueda de empleo. Esto provoca que el objetivo sea difícil de definir.

⮥ **Desmotivación y frustración.** Es probable que, por el tiempo y por el esfuerzo que implica la búsqueda de empleo, el candidato se desmotive y se frustre, viendo el objetivo como algo inalcanzable e imposible de realizar.

8. Plan de acción. Objetivos SMART

☞ HILO CONDUCTOR

María ha aprendido que dentro del plan de acción los objetivos deben ser SMART. Esto es clave para definir y determinar posteriormente las estrategias en el plan de acción. Por ello, ha decidido estudiar bien qué son los objetivos SMART para, después, asesorar a los usuarios acerca de los mismos y poder ayudarles a elaborar el plan de acción.

- -

Como ya vimos en epígrafes anteriores, uno de los primeros pasos del plan de acción o planificación para la búsqueda de empleo es la definición de los objetivos.

Además del objetivo profesional, como objetivo principal o general, se pueden definir otros objetivos específicos, que, además, se podrán dividir en objetivos más pequeños.

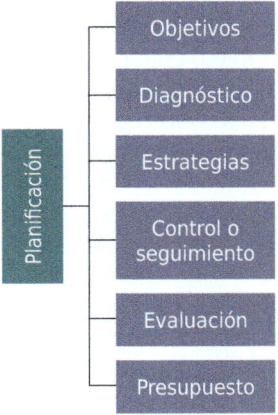

Para realizar una buena definición de objetivos, estos deben ser SMART, es decir, específicos, medibles, alcanzables, relevantes y temporizados. Se denominan así por su acrónimo en inglés: *specific, measurable, achievable, relevant and time-bound.*

Por tanto, los objetivos de un plan de acción deben ser SMART, que significa:

- **Específicos.** Deben ser objetivos concretos. Por ejemplo, en lugar de definir el objetivo general de "encontrar un trabajo", se puede concretar el objetivo definiendo "encontrar un empleo en el sector turístico en una empresa que supere un mínimo de 20 empleados". En el segundo caso, el postulante está concretando en qué sector económico y en qué tipo de empresa quiere encontrar el empleo. Se trata de un objetivo que cumple sus expectativas de actividad económica y de posibilidad de promoción, por ejemplo.
- **Medible.** El objetivo debe poder ser medido en porcentaje o en valor absoluto. Por ejemplo, "enviar 50 CV cada semana" o "asistir a dos entrevistas por semana". Esta característica de la medición, junto con la temporización, va a permitir detectar si el objetivo se está cumpliendo o no y, en este segundo caso, detectar el error en el proceso. En este caso bajo las preguntas ¿por qué no estoy enviando 50 CV a la semana? o ¿por qué no estoy consiguiendo 2 entrevistas por semana?
- **Alcanzable.** Los objetivos deben ser alcanzables para no causar frustración ni desmotivación en el candidato, y para aproximarse a la realidad de las circunstancias. Por ejemplo, sería inalcanzable "conseguir 500 entrevistas cada semana". Teniendo en cuenta que la semana tiene 168 horas (24 h x 7 días), de las que el domingo es festivo, se deben dormir 8 horas/día, etc., es inviable conseguir 500 entrevistas, ni siquiera siendo por videollamada y concatenándose una tras otra. Además, implicaría haber enviado el triple o cuádruple de CV para, de ahí, obtener una cita a una entrevista.
- **Relevante.** El objetivo debe ser importante para el candidato a la hora de buscar empleo. Por ejemplo, objetivos del tipo "quiero encontrar un empleo que me permita viajar por todo el mundo" o "quiero encontrar un trabajo que me permita conocer a muchos famosos" quizá no sea tan relevante como, generalmente, aspirar a un buen salario que cubra necesidades básicas, un buen horario con flexibilidad que permita la conciliación laboral y familiar, que esté cercano y de fácil desplazamiento determinando un radio de distancia concreto, posibilidades de promoción dentro de la empresa para ascender de categoría, etc.
- **Temporizados.** El objetivo se debe alcanzar en un tiempo concreto, de lo contrario siempre podría quedar en el aire pendiente de cumplirse al no tener un plazo definido.

Estas características no son exclusivas ni excluyentes, sino que deben ser complementarias. Ayudarán a determinar las estrategias de la búsqueda de empleo.

El plan de acción debe contemplar acciones propias de la búsqueda de empleo, como la elaboración del CV, la redacción de la carta de presentación, la búsqueda de ofertas, la creación de una base de datos con empresas para autocandidatura y respuesta a ofertas como herramienta de seguimiento, etc. Lógicamente, el plan de acción se debe llevar a cabo, pues, si queda solo como una mera idea plasmada en un papel o documento tecnológico, no sirve de nada.

ACTIVIDAD COMPLEMENTARIA

1. **Reformula los siguientes objetivos generales en objetivos SMART, dentro de un plan de acción de búsqueda de empleo.**

   1. **Enviar muchos CV.**
   2. **Conseguir muchas entrevistas de trabajo.**
   3. **Ampliar mi red de contactos.**
   4. **Redactar una carta de presentación modelo.**

Solución

   1. Enviar *online* 50 CV cada semana.
   2. Conseguir cuatro entrevistas de trabajo al mes.
   3. Ampliar mi red de contactos en *LinkedIn* (u otras redes sociales concretas) en 20 seguidores cada semana.

Todos estos objetivos son específicos, medibles, alcanzables, relevantes y temporizados.

---

9. Resumen

La orientación laboral es un proceso de acompañamiento y asesoramiento a las personas que se encuentran en búsqueda de empleo. La búsqueda de empleo es un proceso en el que la persona demandante intenta encontrar un puesto de trabajo acorde a sus expectativas. Los **objetivos** principales **de las personas que están en búsqueda de empleo** son encontrar un trabajo, reconducir su carrera profesional y promocionar en su carrera.

Los **objetivos** que persiguen los servicios de **orientación laboral** son mejorar la empleabilidad, fomentar el autoconocimiento y explorar el entorno laboral.

Las **políticas activas** se clasifican en cuatro **modalidades:** fomento del empleo, intermediación, orientación laboral y formación para el empleo.

La combinación de las políticas activas origina los **"itinerarios de inserción"** o **"itinerarios individualizados de inserción".**

El servicio de orientación laboral debe regirse por los **principios para elaborar estos itinerarios** mencionados, como son la individualización, la flexibilidad y la autonomía.

Para desarrollar una intervención de orientación laboral de manera correcta se proponen los **elementos básicos,** como la entrevista, el sistema facilitador de inserción, la estrategia y el itinerario de inserción

La **exploración del entorno laboral** o del mercado es uno de los pasos primordiales en la búsqueda de empleo y en el servicio de orientación laboral. Esta exploración debe tener en cuenta **aspectos** como las tendencias actuales, las habilidades demandadas y las oportunidades emergentes.

Las **técnicas** más habituales para esta **exploración del entorno laboral** son el *networking,* las plataformas de empleo y las redes sociales profesionales, la asistencia a eventos y ferias de empleo y la lectura informativa.

Los **objetivos** que persigue la **exploración del entorno** del mercado son: ajustar el perfil profesional, segmentar los empleadores potenciales, definir expectativas y negociar.

El **autoconocimiento** es otro de los pasos primordiales en la búsqueda de empleo y servicio de orientación laboral. Las **técnicas** más habituales para el autoconocimiento son: el análisis DAFO (debilidades, amenazas, fortalezas y oportunidades) y el CAME (corregir, afrontar, mantener y explotar), la evaluación de habilidades, la identificación de valores, la revisión de logros pasados, el *feedback* o retroalimentación de terceros, el ejercicio de visualización, el diario personal-profesional, el mapeo de carrera y el *ikigai.*

Los **objetivos** que pretende alcanzar el **autoconocimiento** son los de identificar puestos y sectores alineados, personalizar el CV y la carta de presentación y preparar las entrevistas.

Otra de las herramientas utilizadas en los servicios de orientación laboral es el **mapa de empatía,** que sirve para ponerse en el lugar del candidato. Se divide en **seis secciones,** que ayudarán a entender al candidato, respondiendo a las preguntas: ¿qué piensa y siente?, ¿qué escucha?, ¿qué ve?, ¿qué dice y hace?, ¿cuáles son sus dolencias (o esfuerzos)? y ¿cuáles son sus aspiraciones (o resultados)?

Dentro del proceso de autoconocimiento existen dos herramientas muy utilizadas, que son el análisis **DAFO** y la ventana de Johari. El análisis DAFO trata de analizar las **debilidades y fortalezas** (factores internos del candidato) y las **amenazas y oportunidades** (factores externos al candidato). Mientras, la **ventana de Johari** sirve para el análisis y mejora de la comunicación, y las relaciones interpersonales del candidato hacia los demás. Consta de **cuatro áreas:** pública, ciega, oculta y desconocida.

Como todo proceso, la orientación laboral y la búsqueda de empleo por parte del solicitante requiere de una planificación o **plan de acción** para ejecutar. Este plan de acción tiene unas fases o pasos que seguir: objetivos, diagnóstico, estrategias, control o seguimiento, evaluación y presupuesto.

El **objetivo profesional** del plan de acción puede depender de **factores,** como la etapa de la vida profesional, los ingresos o situación económica, las aspiraciones personales, los valores y las oportunidades disponibles.

La definición de este objetivo tan importante presenta **desafíos o retos,** como falta de claridad, incertidumbre en el mercado laboral y desmotivación y frustración.

Este objetivo principal se puede desglosar en otros objetivos más concretos con los objetivos SMART, que se llaman así por la procedencia de su acrónimo en inglés *(specific, measurable, achievable, relevant and time-bound)*, es decir, un objetivo bien formulado debe ser específico, medible, alcanzable, relevante y temporizado.

Ejercicios de autoevaluación
Unidad de Aprendizaje 1

1. **¿Cuál de las siguientes opciones es un componente fundamental del autoconocimiento en la orientación laboral?**

   a. La búsqueda de empleo en países extranjeros.
   b. La identificación de habilidades y competencias personales.
   c. La creación de un perfil profesional en todas las redes sociales.
   d. La preparación de un *currículum vítae.*

2. **El análisis DAFO se utiliza principalmente para:**

   a. Evaluar las ofertas de trabajo vacantes en el mercado.
   b. Definir metas financieras y emocionales personales.
   c. Identificar debilidades, amenazas, fortalezas y oportunidades.
   d. Desarrollar estrategias de *marketing* para empresas pymes.

3. **Indica si la siguiente oración es verdadera o falsa: "La exploración del entorno laboral implica únicamente la identificación de vacantes laborales".**

   ■ Verdadero
   ■ Falso

4. **La ventana de Johari es una herramienta que ayuda a:**

   a. Definir objetivos de la carrera profesional a largo plazo.
   b. Mejorar la comunicación y las relaciones interpersonales en equipos.
   c. Analizar las oportunidades de empleo en diferentes sectores económicos.
   d. Conocer las oportunidades que ofrece el mercado empresarial.

5. **En el contexto de la orientación laboral, los objetivos SMART significan que deben ser:**

   a. *Simples, motivacionales, alcanzables, realistas, temporales*
   b. *Specific, measurable, achievable, relevant, time-bound*

c. *Super, motivated, active, ready, timely*
d. *Sustainable, manageable, approachable, reasonable, trackable*

6. **Ordena los siguientes pasos para crear un plan de acción en la búsqueda de empleo:**

   - Identificar metas a largo plazo.
   - Desarrollar estrategias para alcanzar esas metas.
   - Evaluar el progreso y ajustar el plan según sea necesario.
   - Dividir las metas en objetivos más pequeños y alcanzables.

7. **Indica si la siguiente oración es verdadera o falsa: "El autoconocimiento es irrelevante para la definición de objetivos profesionales".**

   - ■ Verdadero
   - ■ Falso

8. **¿Cuál de las siguientes opciones describe mejor el propósito de un mapa de empatía en la búsqueda de empleo?**

   a. Identificar las habilidades técnicas o duras requeridas para un puesto de trabajo.
   b. Visualizar y entender los pensamientos, sentimientos y necesidades del buscador de empleo.
   c. Comparar las ofertas salariales en diferentes industrias o sectores.
   d. Crear una estrategia de *marketing* y marca personal.

9. **Indica si la siguiente oración es verdadera o falsa: "En un análisis DAFO, las oportunidades se refieren a factores externos que podrían beneficiar a la persona".**

   - ■ Verdadero
   - ■ Falso

10. **Relaciona cada concepto con su correspondiente descripción:**

    a. Ventana de Johari
    b. Mapa de empatía

c. Análisis DAFO
d. Objetivos SMART

— Herramienta que facilita la autopercepción y la percepción de los demás en un equipo
— Proceso que identifica fortalezas, debilidades, oportunidades y amenazas
— Técnica para visualizar los pensamientos y sentimientos del buscador de empleo
— Criterios para establecer metas específicas, medibles, alcanzables, relevantes y con un plazo definido

Recursos y técnicas para la búsqueda activa de empleo

Contenido

1. Introducción
2. Conocer diferentes recursos para la búsqueda activa de empleo y diseñar perfiles laborales adecuados a las necesidades y demandas del mercado de trabajo
3. Perfiles en redes sociales
4. Portales de empleo
5. Elaboración del CV en diferentes herramientas
6. Conocer las características básicas de la técnica de la entrevista y saber aplicar las competencias profesionales adquiridas (conocimientos, habilidades y destrezas) a los procesos de selección de personal
7. Entrevista individual
8. Dinámicas de grupo
9. Resumen

Objetivos

El objetivo general de esta unidad de aprendizaje es:

→ Conocer y seleccionar diferentes recursos para la búsqueda activa de empleo y saber aplicar las competencias profesionales a los procesos selectivos.

Los objetivos específicos de esta unidad de aprendizaje son:

→ Conocer los diferentes recursos para la búsqueda activa de empleo.

→ Diseñar los perfiles laborales según las necesidades y demandas del mercado laboral.

→ Describir las redes sociales y los portales de empleo más conocidos.

→ Presentar distintas herramientas para la elaboración del CV.

→ Familiarizarse con las características de la técnica de la entrevista y de las dinámicas de grupo.

1. Introducción

En la actualidad, la búsqueda de empleo se considera desde dos perspectivas: la búsqueda pasiva y la búsqueda activa.

La búsqueda pasiva es la búsqueda tradicional en la que el postulante se limita a contestar a las ofertas de empleo que encuentra en los sitios de empleo más habituales y populares. En cambio, la búsqueda activa es aquella en la que el postulante "se adelanta" a las ofertas. El candidato realiza acciones de marca personal, de autocandidatura, de *networking* o establecimiento de redes de contacto, etc.; es más, esta búsqueda se debería dar incluso antes de que el candidato se quede en desempleo, es decir, es algo que el candidato debería hacer a lo largo de su vida profesional.

Por eso, es recomendable que el candidato escriba algún blog o tenga algún canal o perfil en redes sociales donde muestre parte de su trabajo o de lo que sabe hacer. Una especie de huella, rastro o imagen profesional digital y/o tecnológica.

Para ello, nos seguiremos centrando en el caso de Rumboalempleo S. L., la agencia de colocación privada que presta servicios de orientación laboral y empleabilidad a usuarios que buscan empleo. Esta agencia de colocación ofrece servicios de asesoramiento para redactar el CV y la carta de presentación, preparar las entrevistas y orientar sobre vías o canales de búsqueda de empleo.

2. Conocer diferentes recursos para la búsqueda activa de empleo y diseñar perfiles laborales adecuados a las necesidades y demandas del mercado de trabajo

👉 **HILO CONDUCTOR**

En Rumboalempleo S. L., María debe conocer todos los recursos que existen en la búsqueda de empleo para, posteriormente, enseñárselos a los usuarios. Por otra parte, debe diseñar los perfiles laborales adecuados para cubrir las necesi-

Continúa en página siguiente >>

<< Viene de página anterior

dades que demandan las empresas que contratan sus servicios de procesos de selección. Por ello, María decide investigar acerca de estos dos servicios para prestarlos de manera correcta a postulantes y a empresas ofertantes.

- -

Actualmente, existen muchos **recursos disponibles para la búsqueda activa de empleo.** Estos recursos son los siguientes:

⮕ **Portales de empleo** *online:* son páginas webs o plataformas que permiten buscar empleo. De las más conocidas en España están *InfoJobs, Indeed, LinkedIn, funcionpublica.digital.gob.es* (portal del Gobierno de España donde centralizan las ofertas de empleo público), *Xing* (portal de empleo a nivel europeo) y otros portales de empleo especializados como *Turijobs* en Turismo y Hostelería, o *Tecnoempleo* en el sector de las tecnologías de la información y comunicación (TIC).

⮕ **Agencias de colocación y ETT o empresas de trabajo temporal.** Las agencias de colocación son entidades públicas o privadas cuyo objetivo es proporcionar servicios de orientación al empleo, información profesional y selección de personal, para ayudar al postulante a encontrar un puesto de trabajo. Las empresas de trabajo temporal (ETT) son empresas privadas que ponen a disposición de otras empresas privadas (clientes) a trabajadores contratados por la ETT. Ejemplos: Adecco, Manpower, Randstad, Grupo Eulen, etc.

⮕ **Servicios públicos de empleo.** Desde ámbito nacional a local. Existen los siguientes:

- ☮ SEPE o Servicio Público de Empleo Estatal. Ahí se pueden encontrar ofertas de empleo, cursos de formación y orientación laboral.
- ☮ Red EURES. Aquí ofrecen ofertas de empleo por Europa y fomentan la movilidad por la Unión Europea.
- ☮ Servicios de empleo autonómicos: SEPECAM en Castilla-La Mancha, LANBIDE en el País Vasco, SOC en Cataluña, etc.
- ☮ Servicios de empleo municipales. Algunos municipios también ofrecen este tipo de servicios a nivel local o municipal.

⮕ **Plataformas para autónomos o** *freelancers.* El autoempleo o empleo por cuenta propia es otra modalidad de empleo aparte de la contratación por cuenta ajena. Las personas autónomas puedan encontrar empresas clientes en *Freelancer* o *Fiverr.*

⮕ **Ayuda o asesoramiento al emprendimiento y al autoempleo.** Se trata de información sobre subvenciones, trámites que realizar, vías de financiación, vías de internacionalización, etc. Ejemplos de este tipo son ICEX o Instituto Español de Comercio Exterior, o la Cámara de Comercio.

➲ **Ferias de empleo y *networking*.** Otro recurso para buscar empleo es la asistencia a ferias de empleo y encuentros de *networking*. Ambas actividades se pueden hacer de manera *online* y presencial. La finalidad es la de conectar a los buscadores de empleo con las empresas que lo ofrecen.

➲ **Aplicaciones móviles.** Son parecidas a las páginas web, solo que la modalidad es la de una aplicación que se puede descargar en un dispositivo móvil. Son ejemplos *InfoJobs*, *CornerJob* o *JobToday*.

➲ **Formación y capacitación.** Existe mucha oferta gratuita presencial y *online*. Mejorar y actualizar la formación y la capacitación mejora y favorece la empleabilidad del postulante.

➲ **Redes sociales y foros.** En las redes sociales más conocidas y populares como *X* (antiguo *Twitter*), *Facebook*, *Instagram*, *Tiktok* o *Threads* se puede seguir a cuentas o perfiles de empresas, de reclutadores o personal de recursos humanos y a expertos en empleo. Existen foros o comunidades donde comparten estos mismos intereses de búsqueda de empleo, generalmente divididos o clasificados por sectores laborales.

➲ **Consultoras de recursos humanos y *headhunters* o cazatalentos.** Son empresas especializadas en recursos humanos. Se encargan de ayudar a otras empresas en la gestión y el análisis que está relacionado con la organización y estructura de su plantilla o capital humano. Algunos ejemplos son MichaelPage y Hays.

➲ **Asociaciones y colegios profesionales.** Muchos colegios y asociaciones profesionales ofrecen bolsas de empleo y servicios de orientación a sus socios, miembros o colegiados.

➲ **Servicios de orientación laboral.** Algunas entidades, organismos, fundaciones, etc. ofrecen servicios de orientación laboral a sus usuarios. Ejemplos así son Cáritas, Cruz Roja, los sindicatos, etc.

➲ **Envío de autocandidatura.** Se trata de enviar el CV y la carta de presentación de manera espontánea, sin esperar a que haya una oferta de empleo específica.

PARA SABER MÁS

Acceda al siguiente enlace para ver el **portal SEFP, de la Secretaría de Estado de Función Pública,** en el cual puedes realizar búsquedas de las ofertas de empleo público ofertadas en cualquier sitio de España.

Continúa en página siguiente >>

<< Viene de página anterior

<https://redirectoronline.com/ctro00060201>

2.1. Diseño del perfil laboral

Los perfiles laborales deben adecuarse a las necesidades y demandas del mercado de trabajo. En este punto deben participar todos los agentes intervinientes, desde los propios departamentos de recursos humanos de las empresas que ofrecen los puestos vacantes, pasando por las agencias de colocación, las ETT, etc., hasta los propios candidatos. El diseño de los perfiles laborales es imprescindible para encajar lo que ofrecen las empresas con la profesionalidad que ofrecen los postulantes. Desde la perspectiva de quienes ofrecen vacantes, un proceso para diseñar los perfiles laborales debe seguir los siguientes **pasos:**

- **Analizar el mercado laboral.** Este análisis implica identificar las tendencias del mercado o del sector económico de interés, las industrias emergentes o en crecimiento, los estudios de la competencia o de las empresas integrantes del mercado, y los datos y estadísticas acerca del mercado laboral.
- **Definir las competencias clave.** Esta definición viene de identificar las habilidades duras o técnicas, las habilidades blandas o sociales, y qué formación, certificación o cursos se requieren para ello.
- **Desarrollar el perfil del candidato ideal.** Este desarrollo implica especificar si la persona que vaya a cubrir el puesto necesita o no experiencia, qué tipo de experiencia en cuanto a roles previos, proyectos realizados o metas logradas, qué cantidad de experiencia (expresada en meses, años o en tareas concretas). También se debe especificar el nivel de educación o formación con el que debe contar la persona que cubra el puesto, incluso si es necesario alguna característica personal que sea muy relevante o específica del puesto que cubrir (por ejemplo, el liderazgo en el caso de dirigir equipos, creatividad si hay que diseñar o inventar productos y servicios, etc.).

- **Adaptar el perfil a las necesidades específicas de la empresa.** Dentro de lo que es cada perfil o profesión, esta debe adaptarse a la necesidad, cultura corporativa y objetivos de la empresa.
- **Evaluar la competitividad del perfil.** Esta evaluación de competitividad se mide en el salario, los beneficios que se le ofrecen al candidato y la oportunidad de crecimiento, desarrollo o promoción.
- **Validar el perfil con *stakeholders* o la parte interesada.** Antes de lanzar la oferta, hay que validar el perfil con la parte interesada, es decir, la empresa o quien sea el contratante y pagador de ese nuevo trabajador.
- **Publicar y comunicar el perfil.** La publicación se debe hacer en los portales, plataformas de empleo, redes sociales, etc., más adecuados en las que se crea que la mayoría de candidatos pueden acceder a ella. La oferta debe informa sobre tres aspectos:

  - Requisitos. Los que se demandan para el puesto trabajo.
  - Descripción del puesto. Las funciones que se espera que vaya a hacer la nueva persona trabajadora.
  - Qué se ofrece. Lo que la empresa ofrece al candidato: sueldo, beneficios, facilidades, etc.
  - Contacto. La vía y forma de contacto; llamada telefónica, *e-mail,* mensaje directo por *LinkedIn,* rellenar el CV en la web de la empresa, etc.

- **Monitorear y ajustar.** Una vez que se ha publicado la oferta, hay que hacer un seguimiento para ver de qué lugar (red social, plataforma, portal, etc.) se obtienen más inscripciones, si los inscritos reúnen todos o la mayoría de los requisitos, si hay algún requisito que no se reúne en la mayoría, ajustar algún aspecto de la oferta si tenemos *feedback* de los candidatos en las entrevistas, *e-mails* o llamadas telefónicas, etc.
- **Formar al trabajador.** El proceso de selección no finaliza cuando se ha contratado al trabajador, sino que hay que mantenerlo en la empresa.

3. Perfiles en redes sociales

 **HILO CONDUCTOR**

En Rumboalempleo S. L. asesoran a los candidatos sobre la estrategia de seguir perfiles profesionales y de empresas en las redes sociales. Sin embargo, María sabe que es muy importante asesorar a los postulantes sobre su propia imagen personal y profesional que pueden proyectar en las redes sociales. Por este

Continúa en página siguiente >>

<< Viene de página anterior

motivo, ha decidido averiguar más acerca de este asunto, para poder informar bien a sus usuarios.

Los perfiles en las redes sociales son una herramienta poderosa, pues permiten conectar a las empresas con los profesionales, se encuentren estos o no en búsqueda de empleo. La **presencia en redes sociales** permite:

- **Visibilizar el perfil de la persona interesada en buscar empleo.** Actualmente, el mundo empresarial está muy digitalizado y es imprescindible tener presencia tecnológica. Esto ayuda a que el candidato sea más accesible para reclutadores, profesionales del sector y colaboradores.
- **Conectar y ampliar el *networking*.** La presencia en redes hace que uno pueda conocer a gente de su mismo sector, lo cual puede atraer nuevas oportunidades de empleo y/o colaboración.
- **Promover la marca personal, profesional y empresarial.** Mediante la creación de contenido propio, o compartiendo contenido de terceros es una manera de presentarse de manera profesional. También la manera con la que interactúas con terceros, si lo haces de manera respetuosa, si planteas debates o conversaciones sobre temas interesantes, etc., proyecta una imagen profesional de ti.
- **Investigación de mercado.** A través de las redes sociales, siguiendo a perfiles profesionales del sector o de empresas que comparten contenido o escriben artículos o *posts,* ayuda a que el candidato esté actualizado y reciba información sobre tendencias o noticias que suceden en el sector en el que está interesado.

Las **redes sociales más populares en España** son *LinkedIn, X, Facebook, Instagram, TikTok, YouTube* y *Threads,* entre otras muchas.

3.1. Apartados de un perfil en las redes sociales

Todas las redes sociales permiten determinar unos criterios de privacidad para que el usuario decida qué quiere exponer y a quiénes. Es importante definir bien los parámetros de privacidad, para no estar expuestos sin querer a todo el mundo de manera pública, a no ser que así lo haya decidido el propio usuario.

Aunque los **apartados** propios que vamos a mencionar son los de *LinkedIn* (por tratarse de una red social profesional), algunos de ellos son **comunes en los perfiles** de otras redes sociales:

⮞ **Foto.** La foto es uno de los elementos que mayor imagen proyecta, por lo que es importantísimo que sea una foto clara, nítida y que transmita profesionalidad.

⮞ **Resumen o biografía.** Se trata de unas líneas donde el candidato exponga de manera breve cuáles son sus habilidades, quién es profesionalmente y qué valor puede aportar a una empresa o al sector. Debe captar la atención de los reclutadores.

⮞ **Experiencia laboral.** Además de rellenar los campos propios como nombre de la empresa, cargo o puesto desempeñados, fecha inicio y fecha fin, etc., es importante, en el campo de "observaciones" añadir las funciones, responsabilidades o logros conseguidos.

⮞ **Formación.** En este apartado se rellenan los campos acerca del nombre del curso, número de horas, tipo o modalidad de impartición, empresa o entidad que lo impartió, etc.

⮞ **Habilidades.** En este apartado se pueden añadir las habilidades sociales o blandas con las que cuenta el candidato. Las habilidades técnicas o duras, generalmente, aparecerán en el apartado de la formación.

⮞ **Contenido compartido.** Puedes compartir contenido de terceros, siempre nombrándoles como fuente o como autores de ese contenido. También puedes crear contenido propio, bien posteando una opinión o compartiendo una muestra de tu propio trabajo. Puedes compartir enlaces a tus nubes tecnológicas como *Drive, Genially, Canva,* tu blog, etc.

⮞ **Interacción y participación.** Si no se te ocurre compartir contenido propio, puedes interactuar con otros profesionales de la red, compartiendo su contenido con la red de tu perfil, reaccionando a sus *posts* u opinando acerca de su contenido. También puedes participar en grupos.

 RECUERDA

Los errores más comunes que evitar en las redes sociales son los de tener un perfil incompleto, no interactuar y no publicar. Tampoco olvides que no debes publicar temas inapropiados o muy controvertidos, y que debes configurar los criterios de privacidad.

Los perfiles de las redes sociales deben estar actualizados. Esto significa que debes añadir las experiencias laborales y las acciones formativas conforme las vayas adquiriendo, igual que otras habilidades, idiomas, competencias digitales, etc.

 SABÍAS QUE...

La creación de contenido es muy variada. No solo consiste en escribir un *post* en tu muro del perfil, sino que puedes escribir artículos, escribir tu propio blog, tener tu porfolio virtual, compartir enlaces de pizarras virtuales y acceso a tus propios cursos virtuales, realizar formularios, compartir y crear tus propios *podcast,* etc. Las aplicaciones de *Google* ofrecen un montón de posibilidades, a modo de nubes digitales donde guardar tu trabajo y, posteriormente, compartirlo.

----

4. Portales de empleo

 HILO CONDUCTOR

Una información que proporcionan a los usuarios en Rumboalempleo S. L. es la de los portales de empleo. Además de proporcionar su propia bolsa de trabajo como servicio de orientación al empleo, también informan y asesoran sobre otros portales. Luis está enseñando a María toda esta información, aunque María decide investigar más en internet acerca de estos portales.

Los portales de empleo son plataformas *online* intermediadoras entre las empresas que ofrecen puestos vacantes y candidatos que buscan empleo. Los portales de empleo permiten a los candidatos acceder a oportunidades laborales de diferentes sectores y diferentes niveles de experiencia, a visibilizar a los empleadores que existen en el mercado. En consecuencia, facilitan el proceso de búsqueda de empleo a los candidatos y búsqueda de postulantes a las empresas ofertantes.

Las **características de los portales de empleo** son:

Publicación de ofertas de trabajo
Las empresas ofertantes pueden publicar ofertas de puestos vacantes detallando la descripción de esos puestos, los requisitos exigidos, las ventajas o beneficios que ofrecen, además del salario y otras condiciones laborales.

Perfiles de candidatos
Los candidatos publican sus perfiles, donde pueden añadir un CV, una carta de presentación, la experiencia laboral, la formación, las habilidades, etc. Los empleadores pueden visitar estos perfiles. De ahí su importancia de tener un perfil óptimo.

Alertas de empleo
Se pueden configurar alertas de empleo definiendo las características o criterios de los puestos a los que gustaría optar al candidato para que, cuando aparezca una oferta con esas características, le llegue un aviso vía *e-mail* o mensaje.

Aplicación *online*
En la mayoría de los casos, los candidatos pueden inscribirse en la oferta de empleo solo con unos clics, lo cual facilita el proceso de solicitud en la oferta.

Recursos y herramientas
La mayoría de los portales de empleo ofrecen otros recursos y herramientas, como la posibilidad de guardar varios CV si se cuenta con varios perfiles laborales, y publican pequeños artículos o "píldoras" informativas con consejos para afrontar una entrevista, cómo elaborar un CV y una carta de presentación, cómo forjarse una marca personal, etc.

Para **utilizar los portales de empleo** se recomiendan **pautas** como actualizar el perfil, personalizar las solicitudes, utilizar palabras clave, buscar proactivamente, configurar las alertas de empleo y crear y gestionar una buena red de contactos o *networking*.

TAREA 2

Javier quiere postular a una oferta de empleo que ha leído en una red social. La oferta de empleo es la siguiente:

Continúa en página siguiente >>

<< Viene de página anterior

Buscamos: Analista de datos *junior*

Descripción del puesto:

En LÍDER, empresa del sector tecnológico, estamos buscando un analista de datos junior para unirse a nuestro equipo de *business intelligence* en Madrid. Si tienes formación en matemáticas, estadística, informática o similar, y al menos 1 año de experiencia en un puesto similar, esta es tu oportunidad.

Funciones:

- Analizar grandes volúmenes de datos para extraer información relevante.
- Elaborar informes y visualizar de datos utilizando herramientas como *Tableau, Power BI* y *Excel.*
- Aplicar técnicas de análisis estadístico y modelado predictivo para apoyar la toma de decisiones estratégicas.

Requisitos:

- Grado universitario en Matemáticas, Estadística, Informática u otra similar relacionada.
- Experiencia en análisis de datos y elaboración de informes.
- Conocimientos avanzados de *Excel* y herramientas de visualización de datos como *Tableau* o *Power BI.*
- Habilidades de programación en Python o similar.
- Nivel alto de inglés.

Se valorará:

- Experiencia en *machine learning.*
- Familiaridad con bases de datos SQL.
- Conocimientos en herramientas de *big data* como *Hadoop* o *Spark.*

Ofrecemos:

- Contrato indefinido con posibilidades de desarrollo profesional.
- Formación continua y acceso a certificaciones profesionales.
- Horario flexible y posibilidad de trabajo remoto parcial.
- Seguro médico privado y otros beneficios sociales.

Continúa en página siguiente >>

<< Viene de página anterior

Ayuda a Javier a identificar las palabras clave de la oferta de empleo, para introducirlas en su CV y carta de presentación.

Solución sugerida

- Formación en Matemáticas, Estadística, Informática
- 1 año de experiencia
- Análisis de datos
- Elaboración de informes
- Visualización de datos
- *Tableau, Power Bi, Excel*
- Análisis estadístico
- *Python*
- Nivel alto de inglés
- *Machine learning*
- SQL
- *Big data, Hadoop, Spark*

- -

Las **ventajas que ofrecen los portales de empleo** son:

➲ **Accesibilidad:** cualquier persona que tenga acceso a internet puede buscar empleo desde cualquier punto del planeta.
➲ **Conveniencia:** el candidato puede ajustar la búsqueda al sector, empresas o puestos de trabajo que desee.
➲ **Amplia gama de opciones:** todos los sectores empresariales aparecen en la red, por lo que se puede buscar empleo en cualquier actividad del mercado.

Por el contrario, las **desventajas de los portales de empleo** son:

➲ **Competencia intensa:** la fácil accesibilidad provoca que haya un gran número de candidatos que postulen a una misma oferta.
➲ **Dependencia de sistemas automáticos:** los ATS o sistemas de filtrado de candidatos pueden excluir a muchos postulantes al no escribir las palabras clave adecuadas.
➲ **Falsas ofertas de empleo:** no es muy común, pero, a veces, se dan casos de ofertas fraudulentas o muy poco claras.

 **PARA SABER MÁS**

Acceda al siguiente enlace en el cual puedes leer un artículo que habla sobre las novedades que presentará las nueva Ley de Transparencia Salarial.

<https://redirectoronline.com/ctro00060202>

Los portales de empleo más populares en España son *Indeed, LinkedIn, Glassdoor, InfoJobs* o *Monster,* entre otros.

5. Elaboración del CV en diferentes herramientas

👉 **HILO CONDUCTOR**

En Rumboalempleo S. L., asesoran a los postulantes acerca de cómo realizar un buen CV, ya que es el documento principal para la búsqueda de empleo. María le ha preguntado a Luis si cuentan con alguna plantilla. Luis le ha indicado que en la página web, que está ligada a su programa de gestión, el usuario puede rellenar los datos, que serán volcados a la base de datos interna de Rumboalempleo S. L. Aun así, los candidatos quieren elaborar un CV para presentarlo en otras plataformas y empresas. Por este motivo, María va a indagar sobre cómo realizar el CV para poder asesorar a las personas que se acercan a la oficina demandando este servicio.

El CV o *curriculum vítae* es el documento más importante en el proceso de la búsqueda de empleo. El CV es, junto con la carta de presentación, el documento de entrada o acceso a un proceso de selección. De ahí su importancia para pasar la primera fase o criba ante un reclutador. Si el CV no supera la primera criba, es muy difícil que llamen al candidato para una entrevista de trabajo o para alguna prueba de una fase intermedia en el proceso de selección.

En cuanto al **formato y diseño**, el CV debe tener:

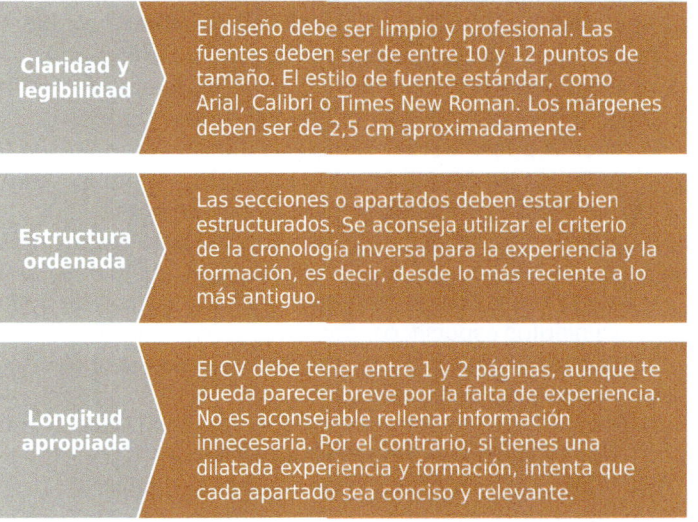

Claridad y legibilidad	El diseño debe ser limpio y profesional. Las fuentes deben ser de entre 10 y 12 puntos de tamaño. El estilo de fuente estándar, como Arial, Calibri o Times New Roman. Los márgenes deben ser de 2,5 cm aproximadamente.
Estructura ordenada	Las secciones o apartados deben estar bien estructurados. Se aconseja utilizar el criterio de la cronología inversa para la experiencia y la formación, es decir, desde lo más reciente a lo más antiguo.
Longitud apropiada	El CV debe tener entre 1 y 2 páginas, aunque te pueda parecer breve por la falta de experiencia. No es aconsejable rellenar información innecesaria. Por el contrario, si tienes una dilatada experiencia y formación, intenta que cada apartado sea conciso y relevante.

◁◎▷ EJEMPLO

Si has terminado tus estudios universitarios, pero tienes poca experiencia y poca formación, no es necesario que en el CV añadas, solo por rellenar, dónde estudiaste la educación primaria y secundaria, ya que, al contar con un título universitario, se sobreentiende que superaste estas etapas y no es relevante ni dónde estudiaste ni qué notas obtuviste en estas etapas, ya que el título universitario prevalece sobre estos estudios anteriores.

Aunque hablamos de que el CV se envía por correo electrónico o se cuelga en plataformas *online,* no debes olvidar que existe la posibilidad o necesidad de imprimirlo por parte del reclutador. Por eso, intenta evitar el uso excesivo de colores fuertes, fondos oscuros y saturación de texto, Evita el "ruido visual". No cambies de tamaños o tipos de fuentes, colores, etc., intenta seguir los mismos criterios a lo largo de todo el documento.

Los **elementos o apartados** con los que debe contar un CV son:

- **Encabezado.** Debe incluir el nombre y apellidos, teléfono de contacto, dirección de correo electrónico y perfil de *LinkedIn* o portfolio virtual.
- **Resumen o perfil profesional.** Pequeño párrafo de cuatro o cinco líneas donde destacar las habilidades, la experiencia y los objetivos profesionales.
- **Experiencia laboral.** Se debe insertar la experiencia laboral en orden cronológico inverso, indicando el nombre de la empresa, la ubicación, el cargo ocupado, las fechas de inicio y fin, las tareas y funciones desempeñadas, las responsabilidades y los logros alcanzados.
- **Educación o formación.** También en orden cronológico inverso, indicando la institución o centro de formación, el título o certificado obtenido, las fechas de inicio y fin, la duración en horas.
- **Habilidades.** Diferenciar las habilidades técnicas o duras y las habilidades sociales o blandas. Es posible que, al incluir el apartado sobre formación o educación, se hayan incluido cursos de *software* u otros conocimientos específicos, por tanto, ya no sería necesario incluirlos en este apartado. Sin embargo, se pueden incluir las habilidades técnicas no acreditables oficialmente.
- **Idiomas.** Indicando el nivel correspondiente al Marco Común Europeo de Referencia para las lenguas (MCER): A1, A2, B1, B2, C1 y C2, especificando si es o no acreditable con algún título oficial.
- **Proyectos y logros.** Recomendable cuando se postula a puestos de creatividad e innovación o a proyectos técnicos.
- **Referencias.** No se incluyen como tal, a no ser que las requieran en la oferta de empleo, aunque se puede indicar que están disponibles bajo petición.
- **Otros datos de interés.** En este apartado se debe incluir todo aquello que el candidato considere que es interesante para desempeñar el puesto vacante, pero no lo ha podido incluir en los demás apartados.

 **RECUERDA**

Los apartados sobre la experiencia laboral y educación o formación son intercambiables en cuanto a orden. Generalmente, se expone primero aquel del que más cantidad cuenta el candidato; es decir, si tiene más experiencia que formación, la experiencia puede ir en primer lugar, y viceversa.

El **CV** debe presentarse **adaptado** al puesto de la oferta de empleo.

Además de estas herramientas (formato y diseño, elementos y apartados y adaptación del CV), existen otras **herramientas tecnológicas** que van a ser de gran ayuda a la hora de realizar el CV:

- **Procesadores de texto como *Microsoft Word* o *Google Docs*.** Ofrecen plantillas prediseñadas fáciles de personalizar y rellenar. Además, la persona puede diseñar su propio modelo de CV.
- **Canva.** Es una aplicación que ofrece la posibilidad de crear CV atractivos y creativos.
- **Generadores de CV *online*.** Ofrecen plantillas modernas y profesionales que se pueden crear en línea. El proceso suele ser una especie de asistente, que va indicando lo que el usuario debe hacer paso a paso hasta finalizar el proceso.
- **Optimizadores de contenido.** Son aplicaciones que ayudan a mejorar y optimizar los contenidos. Por ejemplo, *Jobscan* compara el CV con la oferta de empleo para ver cómo coinciden y sugiere palabras clave adecuadas. *Grammarly* es un corrector ortográfico y gramatical que sugiere alternativas para redactar con mayor claridad y precisión. *Hemingway Editor* es una aplicación de corrector de estilo en inglés.

 **APLICACIÓN PRÁCTICA**

Elabora un CV ficticio con las capacidades necesarias para optar al puesto de mozo de almacén, respondiendo a la siguiente oferta de empleo:

Vacante: Mozo de almacén.

Descripción del puesto de trabajo:

Estamos buscando un/a mozo/a de almacén para unirse a nuestro equipo DTC LOGISTIC, ubicado en Barcelona. Como mozo/a de almacén, serás responsable de llevar a cabo diversas tareas relacionadas con la gestión y organización del almacén.

Continúa en página siguiente >>

<< Viene de página anterior

Requisitos:

- **Experiencia previa como mozo/a de almacén o en un puesto similar**
- **Experiencia en el proceso de picking para la preparación y distribución de pedidos**

Funciones que desempeñar:

- **Descarga de contenedores / tráileres**
- **Preparación de pedidos, expediciones**
- **Movimientos en almacén**
- **Transporte de material**
- **Control de entradas de productos y devoluciones**
- **Control de entradas y salidas de mercancía**
- **Organización, clasificación y ubicación de mercancía**
- **Devolución de expediciones a fabricantes**
- **Distribución de la mercancía en función de la marca**

Ofrecemos:

- **Contrato a tiempo completo con posibilidad de crecimiento y desarrollo profesional**
- **Salario competitivo acorde a la experiencia y habilidades**
- **Ambiente de trabajo dinámico y colaborativo**
- **Oportunidad de formar parte de una empresa líder en logística**

Solución sugerida

Currículum vítae
Nombre: Nombre del alumno
Dirección: calle Ejemplo, 123, 28000 Madrid, España
Teléfono: +34 600 123 456
Correo electrónico: nombredelalumno@gmail.com

Perfil profesional

Mozo de almacén con más de 5 años de experiencia en la gestión logística, especializado en *picking* y distribución de pedidos. Competente en la organización, control y transporte de mercancías, en la coordinación de entradas y salidas de productos. Proactivo, eficiente y con gran capacidad para trabajar en equipo y bajo presión.

Continúa en página siguiente >>

<< Viene de página anterior

Experiencia laboral

Mozo de almacén
Empresa A., Madrid
Enero 2022 - Actualidad

Descarga de contenedores y tráileres, asegurando la integridad de la mercancía.
Preparación de pedidos utilizando técnicas de *picking*
Realización de movimientos en almacén, optimizando el espacio y facilitando el acceso a productos
Transporte de material a las áreas designadas, utilizando carretillas y otros equipos de manejo de carga
Control de entradas y salidas de mercancía
Registro de devoluciones y envíos
Organización y clasificación de mercancía según criterios de rotación y disponibilidad de espacio
Coordinación de devoluciones a fabricantes de productos no conformes
Distribución de mercancía según marca y requisitos específicos de almacenamiento

Ayudante de Almacén

Empresa B, Madrid
Septiembre 2019 - diciembre 2021
Colaboración en la descarga de contenedores y organización de productos en el almacén

Preparación de pedidos siguiendo las especificaciones de *picking list*, optimizando tiempos de procesamiento
Control de inventario
Actualización de registros en el SGA o sistema de gestión del almacén
Clasificación y ubicación de mercancías, ordenando y facilitando el acceso a los productos
Asistencia en la devolución de productos a los fabricantes y gestión de la documentación
Mantenimiento del área de trabajo limpia y ordenada para cumplir con los estándares de seguridad y salud laboral

Educación

Título de Educación Secundaria Obligatoria (ESO)
IES Barrio Alto, Madrid

Continúa en página siguiente >>

<< Viene de página anterior

2017

Habilidades

Experiencia en *picking* y *packing* para la preparación de pedidos
Conocimientos en gestión de almacenes y control de inventario
Manejo de carretillas elevadoras y otros equipos de manipulación de carga.
Capacidad para trabajar en equipos y colaborar eficazmente
Gestión del tiempo y capacidad para priorizar tareas bajo presión
Conocimientos básicos de SGA

Certificaciones

Curso sobre manipulación de alimentos y seguridad en almacenes
Centro de Formación Logística, Madrid, 2021
Certificado de operador de carretillas elevadoras
Centro de Seguridad Laboral, Madrid, 2020

Idiomas

Español: nativo
Inglés: nivel básico

Otros datos de interés

Logística y distribución: interesado en la optimización de procesos logísticos y
la mejora de la eficiencia en almacenes.
Deportes de equipo: participación activa en ligas locales de fútbol, desarrollando
habilidades de trabajo en equipo y liderazgo.

Referencias: disponibles a petición.

6. Conocer las características básicas de la técnica de la entrevista y saber aplicar las competencias profesionales adquiridas (conocimientos, habilidades y destrezas) a los procesos de selección de personal

👉 HILO CONDUCTOR

Otro de los servicios que ofrecen en Rumboalempleo S. L. es el asesoramiento para la preparación de entrevistas. Luis le ha contado a María que ellos también realizan entrevistas a los candidatos cuando se encargan de algún proceso de selección. Sin embargo, asesoran a los usuarios para otras entrevistas en empresas. Como María debe realizar sus propias entrevistas a los postulantes, además de enseñarles algunas recomendaciones sobre las mismas, María ha decidido estudiar acerca de este tema.

- -

Una vez que el *currículum vítae* ha superado la primera criba, el candidato continúa en el proceso de selección. El proceso de selección puede constar de varias fases. Una de las más importantes es la entrevista. La entrevista es el encuentro entre el reclutador o empleador y el candidato. En este encuentro ambas partes tienen la oportunidad de conocerse y evaluar si hay conexión entre la empresa y el candidato; es decir, por una parte el reclutador evalúa si el candidato reúne el perfil para trabajar en la empresa, y por otra el candidato evalúa si lo que le propone la empresa cubre sus necesidades. Es el momento de tomar la decisión de seleccionar al candidato o no, y la decisión del candidato de aceptar ese trabajo o no. Las **características** de la entrevista se basan en los **siguientes factores:**

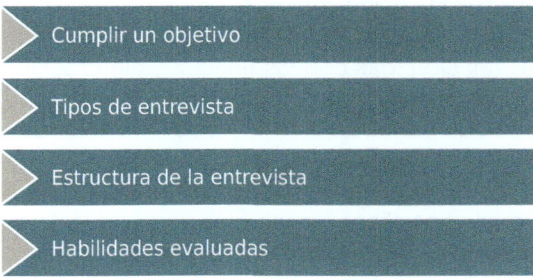

- Cumplir un objetivo
- Tipos de entrevista
- Estructura de la entrevista
- Habilidades evaluadas

Continúa en página siguiente >>

<< *Viene de página anterior*

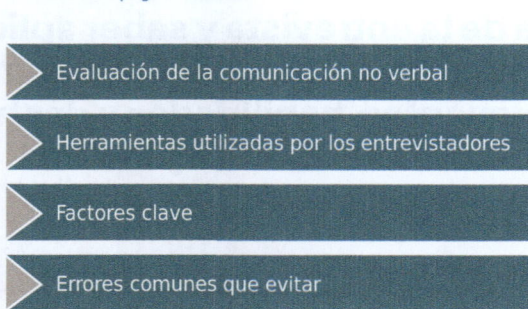

Evaluación de la comunicación no verbal

Herramientas utilizadas por los entrevistadores

Factores clave

Errores comunes que evitar

Las **entrevistas** deben perseguir uno o varios **objetivos:**

- **Evaluar al candidato:** saber si el candidato reúne los requisitos para desempeñar las funciones propias del puesto de trabajo ofertado.
- **Lograr reciprocidad en el proceso:** que el candidato también conozca acerca de la empresa, para saber si lo que ofrecen va a cubrir o no sus necesidades y expectativas. De este modo el postulante podrá decidir si la oportunidad ofrecida es adecuada o no para su satisfacción personal y/o profesional.

Las **entrevistas** pueden ser de varios **tipos:**

- **Telefónica.** Este tipo de entrevista suele ser breve, ya que se trata de una toma de contacto para conocer la disponibilidad horaria y las expectativas salariales del candidato, así como para preguntar algún aspecto básico del currículum.
- **Presencial.** Es el tipo más tradicional. Es el encuentro frente a frente con uno o varios entrevistadores.
- **Virtual o videoconferencia.** Se suele emplear esta modalidad cuando entre el candidato y la empresa existe una gran distancia, e implica desplazamiento para el candidato.
- **Grupal.** En este tipo de entrevista se implica a varios candidatos, que son entrevistados a la vez. Sirve para evaluar en los candidatos habilidades sociales relacionadas con las relaciones interpersonales de trabajo en equipo, liderazgo, comunicación, etc.
- **Entrevista de panel.** En este tipo de entrevistas son varias personas a la vez quienes entrevistan a un solo candidato.
- **Entrevista técnica.** Se centra en las habilidades duras o técnicas y conocimiento específicos o concretos para el puesto de trabajo.
- **Entrevista de competencias.** Se centran en evaluar las habilidades blandas o sociales o de comportamiento del candidato.

Esta clasificación atiende a diferentes criterios, por lo que no son excluyentes. Una entrevista puede ser presencial, de panel y de competencias, por ejemplo.

En cuanto a la **estructura,** la entrevista consta de estas **fases:** introducción; preguntas sobre el currículum y la experiencia; preguntas sobre las competencias, habilidades sociales o blandas, conductuales o de comportamiento; evaluación técnica, si es necesario; preguntas del candidato y cierre.

La entrevista es una fase vital dentro del proceso de selección, de ahí la necesidad de que el candidato deba prepararse las respuestas a posibles preguntas, así como las preguntas que formular en su turno como postulante.

Las **habilidades evaluadas** que se deben considerar a lo largo de la entrevista son las habilidades técnicas, habilidades sociales, motivación y actitud y habilidades de comunicación.

Otra de las características de la entrevista de trabajo es la **evaluación de la comunicación no verbal,** que debe basarse en dos pilares: el lenguaje corporal y la apariencia, y la presentación.

Siempre hay voces que surgen en cuestiones controvertidas, planteando que una persona puede tener mala imagen y ser muy buen profesional, mientras que otro puede tener buena imagen y no ser profesional, pero recuerda que en estos planteamientos no se expone una situación en igualdad de condiciones. Por supuesto, la profesionalidad (un buen currículum, una larga experiencia y una amplia formación) debería primar sobre la imagen o la simpatía. Pero, a igualdad de condiciones, es decir, dos personas con un currículum muy similar, una experiencia de mismos años y una formación muy parecida, si uno presenta buena imagen y el otro no, tiene más opciones de ser contratado el que, además de su CV, presenta buena imagen. Lo mismo ocurre con las habilidades sociales, la simpatía, la proactividad, etc. Para comparar, siempre se ha de comparar en igualdad de condiciones, y ante esa igualdad de condiciones, el candidato debe diferenciarse del otro, en positivo. En general, dos personas que llegan a la fase de la entrevista es porque han superado el cribado del CV, por eso no es difícil imaginar que los dos (o la cantidad de candidatos que se van a entrevistar) cuenten con perfiles profesionales muy similares.

Las **herramientas utilizadas por los entrevistadores** en esta fase son:

⮑ **Guías de entrevista.** Son documentos donde vienen una serie de preguntas estándar y de los asuntos que tratar relacionados con el puesto de trabajo.

- **Evaluación de competencias.** Se trata de un listado con las competencias que se han de tener en consideración para el puesto de trabajo. Cada competencia se valora del 0 al 10 u otro intervalor.
- **Lista de cotejo.** Se trata de un listado de cualidades o competencias que debe cumplir el candidato. El entrevistador simplemente señala si la cumple o no.
- **Pruebas técnicas.** Se trata de pequeñas pruebas con preguntas tipo test, o preguntas abiertas, casos prácticos, etc.
- *Software* **de videoconferencia.** Son herramientas necesarias si el tipo de entrevista es por videoconferencia. Algunos ejemplos son *Zoom, Microsoft Teams, Google Meets, Skype,* etc.

Por otra parte, los **factores clave** para que la entrevista sea un éxito son: la preparación de la entrevista por parte del entrevistador, la preparación de la entrevista por parte del candidato, el ambiente profesional y acogedor, la escucha activa y la transparencia.

Por último, los **errores más comunes que evitar** en una entrevista son los siguientes:

- **Interrupciones constantes.** Hay que evitar interrumpir a la otra parte. Cada uno debe exponer su idea o comentario de manera completa en su turno de palabra. La otra parte debe limitarse a escuchar.
- **Preguntas inadecuadas o ilegales,** principalmente por parte de la persona entrevistadora. Este tipo de preguntas son las que se refieren a cuestiones personales, discriminatorias o no relevantes para el puesto de trabajo que se va a desarrollar.
- **Monopolizar la conversación.** La entrevista de trabajo es un diálogo entre dos o más partes. Deja que todo el mundo se exprese en su turno de palabra. Pregunta o responde, de manera breve, directa y concisa.

PARA SABER MÁS

Acceda al siguiente enlace en el cual puedes ver una entrevista de trabajo en la que aparecen todos los errores que se deben evitar. Puedes aprovechar el vídeo para observar el lenguaje no verbal de todos los protagonistas:

Continúa en página siguiente >>

<< Viene de página anterior

<https://redirectoronline.com/ctro00060203>

 ACTIVIDAD COMPLEMENTARIA

2. **A continuación, vas a leer una conversación de una entrevista de trabajo. Identifica los factores clave para poder calificar la entrevista como exitosa. El puesto ofertado por la empresa al que postula el candidato es el de vendedor en una tienda de deporte.**

   Reclutador (R): ¡Buenos días, Juan! Bienvenido a Deportes Activos. Gracias por llegar puntualmente a nuestra entrevista. ¿Cómo estás?

   Candidato (C): Buenos días. Muy bien. Gracias. ¿Y usted?

   R: Muy bien. Gracias. Por favor, siéntate. ¿Encontraste la tienda sin problema?

   C: Sí, fue fácil llegar. Revisé la dirección con antelación y también vi algunas fotos del exterior de la tienda en la página web de ustedes para asegurarme de dónde estaba.

   R: Excelente. Me alegra escuchar eso. Bueno, antes de comenzar con las preguntas me gustaría contarte un poco más sobre el puesto de vendedor y lo que esperamos de un miembro de nuestro equipo aquí en Deportes Activos. Estamos buscando a alguien que no solo tenga habilidades en ventas, sino también una gran pasión por los deportes. Es importante que el candidato tenga un conocimiento amplio de los diferentes tipos de equipos deportivos y pueda asesorar a nuestros clientes de manera eficaz. ¿Esto coincide con tus expectativas?

Continúa en página siguiente >>

<< Viene de página anterior

C: Sí. De hecho, me encanta el tenis. También he practicado balon-cesto durante años. He revisado la descripción del puesto y creo que puedo aportar mucho en términos de conocimiento del producto y habilidades de venta.

R: Eso suena genial. Ahora, cuéntame un poco más sobre tu experiencia previa en ventas. Veo en tu currículum que trabajaste en una tienda de calzado deportivo. ¿Qué tipo de clientes atendías y cómo manejabas situaciones difíciles, como un cliente insatisfecho?

C: Sí, trabajé en CalzaDepor Pro durante dos años. Atendía a clientes que buscaban calzado específico para deportes como correr o fútbol. Intentaba entender las necesidades del cliente primero, preguntando sobre el tipo de deporte que practicaban y cualquier problema específico, como problemas en la pisada. Cuando se trataba de un cliente insatisfecho, mi enfoque era siempre escuchar atentamente, hacer preguntas para aclarar el problema y ofrecer una solución, ya sea un cambio, un reembolso o un producto alternativo.

R: Me gusta tu enfoque. Es muy importante aquí en Deportes Activos que el cliente se sienta escuchado y que su experiencia sea positiva, independientemente de la situación. Ahora, cuéntame, ¿por qué quieres trabajar con nosotros?

C: Bueno, siempre he sido un cliente de Deportes Activos y me encanta la variedad de productos que ofrecen y el ambiente de la tienda. Además, después de investigar un poco sobre ustedes, me di cuenta de que valoran el conocimiento deportivo y el servicio al cliente, lo que se alinea con mis propias pasiones y habilidades. Me interesa el hecho de que ustedes ofrecen oportunidades de crecimiento dentro de la empresa.

R: Me alegra que te sientas así. Es bueno escuchar que nuestros valores coinciden con los tuyos. En términos de oportunidades de crecimiento, somos muy transparentes. Nos gusta promover desde dentro, nuestros vendedores a menudo tienen la oportunidad de avanzar a cargos de supervisión o gestión en función de su desempeño y compromiso.

C: Eso es exactamente lo que estoy buscando en una empresa. Me gustaría tener la oportunidad de crecer como profesional y aprender más sobre la gestión comercial.

Continúa en página siguiente >>

<< Viene de página anterior

R: Excelente. Ahora, antes de finalizar, ¿tienes alguna pregunta?

C: Sí. Me gustaría saber más sobre el equipo con el que trabajaría y cuáles son las expectativas durante los primeros meses.

R: Trabajarías con un equipo de cinco vendedores y reportarías directamente al gerente de la tienda. Durante los primeros meses, nuestro enfoque principal sería ayudarte a familiarizarte con todos los productos y sistemas que usamos, además de asegurarte de que te sientas cómodo asesorando a nuestros clientes. Recibirás formación continua para mejorar tus habilidades de venta y conocimiento del producto.

C: Gracias por la información. Suena como un entorno de trabajo completo.

R: Me alegra escucharlo. Bueno, eso es todo por mi parte. Muchas gracias por venir. Contactaremos contigo pronto con una actualización sobre el proceso de selección.

C: Gracias a usted por la oportunidad. Estoy muy entusiasmado con la posibilidad de unirme a su equipo.

R: ¡Gracias! Que tengas un buen día.

C: Igualmente. Gracias.

Solución sugerida

Los puntos que identificar en la entrevista son:

- Preparación de la entrevista por parte del entrevistador: este se presenta de manera profesional, explica la empresa y el puesto, y formula preguntas relevantes basadas en el currículum del candidato.
- Preparación de la entrevista por parte del candidato: llega puntual, ha investigado la ubicación de la tienda y conoce los detalles del puesto y de la empresa. Tiene ejemplos específicos de experiencia previa y preguntas preparadas para el entrevistador.
- Ambiente profesional y acogedor: la conversación es cordial y respetuosa. El entrevistador se muestra acogedor desde el principio y mantiene un tono amable y positivo durante toda la entrevista.

Continúa en página siguiente >>

<< Viene de página anterior

- Escucha activa: ambos, entrevistador y candidato, muestran habilidades de escucha activa. El entrevistador hace preguntas abiertas y sigue con preguntas de clarificación. El candidato responde con ejemplos concretos y relevantes.
- Transparencia: el entrevistador es claro sobre las expectativas del puesto, el ambiente de trabajo y las oportunidades de crecimiento dentro de la empresa. El candidato también es transparente sobre sus motivos para querer trabajar en la empresa y su experiencia previa.

7. Entrevista individual

👉 HILO CONDUCTOR

Otro de los servicios que prestan en Rumboalempleo S. L. es el de asesoramiento para preparar entrevistas de trabajo. María ha decidido profundizar en ellas para, posteriormente, poder asesorar de manera óptima a los usuarios que visiten la oficina.

La entrevista individual presencial es de las más comunes, aunque hay una tendencia a realizarlas por videollamada cuando la presencial requiere de tiempo y costes de desplazamiento al entrevistado. Generalmente, se produce de uno a uno, aunque puede haber varios entrevistadores al mismo tiempo.

Los **tipos de preguntas** que se pueden formular en una entrevista individual son las siguientes:

- **Preguntas abiertas.** Estas preguntas son de libre respuesta y sirven para que el candidato se exprese libremente.
- **Preguntas cerradas.** En este tipo de preguntas el candidato solo debe contestar sí o no, o elegir entre unas opciones de respuesta.
- **Preguntas de competencia o conductuales.** Estas preguntas tratan de averiguar la conducta o el comportamiento del candidato ante ciertas situaciones.

- **Preguntas situacionales o hipotéticas.** Este tipo de preguntas sirven para evaluar o conocer cómo actuaría un candidato ante una posible situación.
- **Preguntas técnicas.** Estas preguntas sirven para detectar los conocimientos que el candidato tiene sobre procesos, herramientas, metodologías, etc.
- **Pregunta sobre la motivación y los objetivos profesionales.** Estas preguntas pretenden indagar en la motivación, las necesidades y las expectativas del candidato respecto al puesto de trabajo que cubrir.

Las **ventajas** que ofrece la entrevista individual son la evaluación en profundidad, la personalización, la evaluación de la compatibilidad cultural, la evaluación de las habilidades de comunicación verbal y no verbal, y la oportunidad para establecer una relación.

Por el contrario, la entrevista individual también presenta una serie de **desventajas,** como son el sesgo del entrevistador, la presión para el candidato y la limitación de perspectiva.

8. Dinámicas de grupo

 HILO CONDUCTOR

Luis le ha contado a María que últimamente están en auge las entrevistas grupales, porque las empresas tienen interés en saber cómo se desenvuelven los candidatos a la hora de interactuar con un equipo. Por eso, Luis le ha aconsejado a María que investigue más acerca de las dinámicas de grupo, para asesorar a los usuarios sobre al respecto y que puedan superar los procesos de selección.

Las dinámicas de grupo son una serie de juegos de rol, simulaciones, discusiones, actividades o metodología que se aplican en las entrevistas grupales para ver cómo el candidato se desenvuelve en una situación grupal y cómo interactúa con el grupo. Normalmente, en este tipo de actividades se plantean situaciones en las que se requieren habilidades como comunicación, liderazgo, colaboración, interacción, resolución de conflictos, etc. La finalidad de este tipo de entrevistas es evaluar la capacidad del candidato para trabajar en equipo, la persuasión, la gestión de conflictos y el liderazgo, entre otras.

En la siguiente tabla se describen los diferentes **tipos de dinámicas de grupo.** Se indica el objetivo de cada una y lo que se debe observar en cada una de ellas.

Tipo	Descripción	Objetivo	Observación
Discusión de grupo dirigida	Al grupo se le entrega un tema, general o relacionado con el trabajo, sobre el que deben discutir.	Evaluar el pensamiento crítico, la argumentación, la escucha activa, la exposición clara de ideas, la persuasión y el consenso.	El nivel de participación, la habilidad de persuasión, la claridad, el respeto hacia los demás, etc.
Resolución de un caso	Al grupo se le presenta un caso real o hipotético. Deben analizarlo, plantear varias opciones y resolverlo. Si se le quiere añadir presión a la situación, se puede establecer un tiempo limitado.	Evaluar la capacidad de análisis, la habilidad de resolver problemas, la toma de decisiones, el pensamiento estratégico y la colaboración en equipo.	Habilidades de pensamiento crítico, la creatividad, la negociación, la capacidad de llegar a un consenso y el trabajo bajo presión.
Simulación o juego de rol	Los candidatos asumen diferentes papeles dentro de una situación de trabajo planteada. Por ejemplo, uno es vendedor, otro cliente, otro un jefe de equipo, otro un proveedor, etc.	Evaluar las habilidades interpersonales, la resolución de conflictos y la habilidad de negociación.	Habilidades de comunicación, manejo de conflictos, empatía, asertividad, creatividad en la resolución del conflicto, capacidad de adaptarse al papel designado.
Dinámicas creativas o de construcción de equipos	Son ejercicios creativos o desafíos de construcción de equipos. El equipo debe construir o diseñar un producto, un proceso, un plan, etc.	Evaluar la creatividad, el trabajo en equipo, la planificación, la organización, la coordinación, el liderazgo, etc.	La colaboración, el esfuerzo grupal, la originalidad, el liderazgo espontáneo y la capacidad de pensar fuera de la caja al plantear la creación de algo partiendo desde cero.
Presentación grupal	El equipo debe preparar y presentar un tema, proyecto, producto, plan, etc.	Evaluar la capacidad de trabajo en equipo, presentación, persuasión, comunicación, etc.	Claridad, estructuración de ideas, liderazgo y cohesión grupal.

Las dinámicas de grupo en las entrevistas grupales presentan **beneficios o ventajas,** como son la evaluación de competencias en tiempo real, la identificación de habilidades blandas, la evaluación del trabajo en equipo, la detección de potenciales líderes y la reducción del sesgo.

Por otra parte, la entrevista grupal presenta unos **desafíos o retos** que tener en cuenta sobre los candidatos, como el autocontrol, la timidez o la inseguridad, el riesgo de conflictos o la tensión real, la dificultad de evaluar a todos por igual y la preparación especializada.

Por último, las **pautas para que la entrevista grupal tenga éxito** son la preparación, equilibrar el grupo, establecer las expectativas, la observación, fomentar la participación de todos y proporcionar *feedback* o retroalimentación constructiva.

9. Resumen

En la actualidad, gracias al desarrollo tecnológico, existen muchos recursos para la búsqueda de empleo:

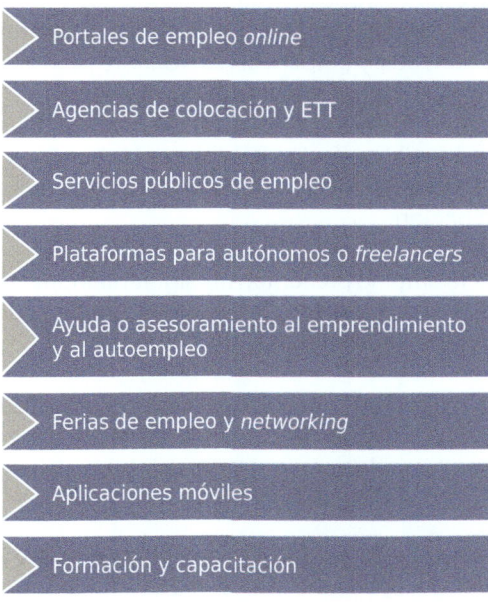

Portales de empleo *online*

Agencias de colocación y ETT

Servicios públicos de empleo

Plataformas para autónomos o *freelancers*

Ayuda o asesoramiento al emprendimiento y al autoempleo

Ferias de empleo y *networking*

Aplicaciones móviles

Formación y capacitación

Continúa en página siguiente >>

<< *Viene de página anterior*

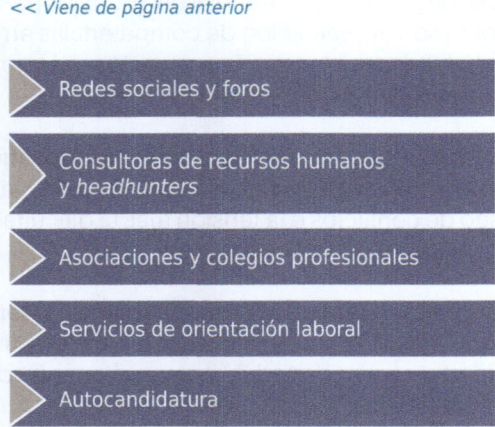

Redes sociales y foros

Consultoras de recursos humanos y *headhunters*

Asociaciones y colegios profesionales

Servicios de orientación laboral

Autocandidatura

Para diseñar los perfiles laborales por parte de los ofertantes de empleo hay que analizar el mercado laboral, definir las competencias clave, desarrollar el perfil del candidato ideal, adaptar el perfil a las necesidades específicas de la empresa, evaluar la competitividad del perfil, validar el perfil con *stakeholders* o la parte interesada, publicar y comunicar el perfil, monitorear y ajustar, y formar al trabajador.

La presencia en redes sociales, tanto de los ofertantes de empleo como de los candidatos, permite: visibilizar el perfil de la persona interesada en buscar empleo; conectar y ampliar el *networking;* promover la marca personal, profesional y empresarial, e investigar el mercado.

El perfil de red social profesional debe contar con foto, resumen o biografía, experiencia laboral, formación, habilidades, contenido compartido, interacción y participación.

Los portales de empleo presentan las siguientes características: publicación de ofertas de trabajo, perfiles de candidatos, alertas de empleo, aplicación *online,* y recursos y herramientas.

Para utilizar los portales de empleo se debe actualizar el perfil, personalizar las solicitudes, utilizar palabras clave, buscar proactivamente, configurar las alertas de empleo, y crear y gestionar una buena red de contactos o *networking.*

Un buen CV con un buen formato y diseño debe aportar claridad y legibilidad, estructura ordenada y longitud apropiada, además de estructurar la información en diversos apartados.

Las herramientas tecnológicas más utilizadas para elaborar un CV son los procesadores de texto (como *Microsoft Word* o *Google Docs, Canva*), los generadores de CV *online* y los optimizadores de contenido.

La entrevista de trabajo es otro de los pasos importantes dentro del proceso de selección. Tiene las siguientes características:

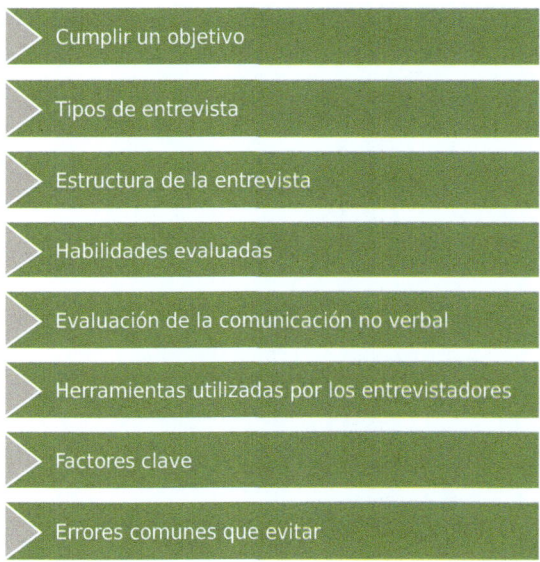

- Cumplir un objetivo
- Tipos de entrevista
- Estructura de la entrevista
- Habilidades evaluadas
- Evaluación de la comunicación no verbal
- Herramientas utilizadas por los entrevistadores
- Factores clave
- Errores comunes que evitar

En la entrevista podemos encontrar distintos tipos de preguntas: abiertas de libre respuesta; cerradas con respuestas limitadas; de competencias o conductuales, situacionales o hipotéticas; técnicas; las que tratan sobre motivación y objetivos profesionales.

En contrapartida, se pueden incluir en el proceso de selección la entrevista grupal, en la que se pueden aplicar dinámicas de grupo de diferentes tipos como: la discusión de grupo dirigida, resolución de un caso, simulación o juego de rol, dinámicas de creatividad o construcción de equipos, y presentación grupal.

Ejercicios de autoevaluación
Unidad de Aprendizaje 2

1. **¿Cuál es la principal ventaja de tener un perfil en redes sociales como *LinkedIn*?**

   a. Publicar fotos de carácter personal.
   b. Conectar con amigos y familiares.
   c. Establecer *networking* o contactos profesionales.
   d. Jugar a juegos *online*.

2. **¿Cuál de las siguientes aplicaciones es uno de los portales de empleo más utilizados en España?**

   a. *Instagram*
   b. *Facebook*
   c. *X*
   d. *InfoJobs*

3. **¿Qué se debe evitar incluir en un CV?**

   a. Información personal como el estado civil o religión
   b. Experiencia laboral
   c. Datos de contacto
   d. Formación

4. **Indica si el siguiente enunciado es verdadero o falso:**

   Un buen CV debe contener toda la experiencia laboral y toda la formación, independientemente de su relevancia para el puesto de trabajo al que se está aplicando.

   ■ Verdadero
   ■ Falso

5. **Ordena los pasos correctos para crear un perfil profesional en redes profesionales como *LinkedIn*:**

   • Añadir la experiencia profesional.
   • Postear o publicar contenido propio.

- Contactar con perfiles de tu sector.
- Rellenar el perfil: nombre, teléfono, *e-mail*.

6. ¿Cuál de las siguientes es una característica propia de la entrevista individual?

    a. Vestir siempre con ropa deportiva para ir cómodo.
    b. Llegar tarde porque la otra parte debe esperar los 10 minutos de cortesía.
    c. Comunicar de manera clara y aplicar la escucha activa.
    d. Interrumpir al entrevistador para demostrar que eres extrovertido.

7. ¿Cuál es la finalidad principal de las dinámicas de grupo en la entrevista de trabajo grupal?

    a. Evaluar las habilidades de liderazgo y trabajo en equipo.
    b. Hacer que los candidatos se sientan incómodos al tratar con personas desconocidas.
    c. Observar quién es la persona que más habla, pues será un buen líder.
    d. Observar quién es el más tímido, pue será prudente y discreto.

8. ¿Qué herramienta es más efectiva para la búsqueda de empleo *online*?

    a. Periódicos impresos
    b. Anuncios de radio
    c. Entregar el CV en mano
    d. Portales de empleo

9. Indica si el siguiente enunciado es verdadero o falso:

La entrevista grupal es útil para valorar las habilidades de comunicación y la capacidad de resolución de conflictos, entre otras destrezas.

- Verdadero
- Falso

10. Ordena los pasos correctos para realizar una búsqueda de empleo efectiva en un portal de empleo:

- Buscar ofertas que se ajusten a las expectativas.
- Crear un perfil en el portal de empleo.
- Inscribirse en las ofertas que le interesan.
- Subir un CV actualizado.

Glosario

Carta de presentación
Breve carta introductoria que acompaña al CV. Generalmente, el candidato indica a qué puesto postula y hace un breve resumen de las razones por las que se considera apto para el puesto.

Competencia
Es la capacidad, aptitud o idoneidad para desempeñar una o varias funciones y tareas.

Comunicación
Proceso en el que un emisor envía un mensaje a un receptor, utilizando un medio y un código que entiendan ambas partes. La comunicación puede ser verbal (uso de la palabra escrita u oral) y no verbal (uso de la imagen o simbología y los gestos).

Conflicto
Es un problema inconveniente. Se produce cuando los intereses, necesidades y deseos de ambas partes, o de una de las partes, no son cubiertos. Por tanto, debe resolverse para que ambas partes alcancen un acuerdo y, con ello, la satisfacción.

Currículum
Documento en el que el candidato expresa un resumen de toda su experiencia laboral, su formación, además de otras destrezas como idiomas, conocimientos informáticos, habilidades sociales u otros intereses.

Empatía
Capacidad de ponerse en el lugar de la otra persona para entender sus sentimientos y emociones.

Empleo
Ocupación, oficio, trabajo, profesión.

Entrevista

Conversación entre dos o más personas en la que, generalmente, una parte pregunta a otra. En el caso de las entrevistas de trabajo, aunque la mayoría del tiempo la parte reclutadora interroga a la parte postulante, se suele brindar la oportunidad de que la parte postulante formule preguntas a la parte entrevistadora.

Estrategia

Conjunto de técnicas o métodos para elaborar y dirigir un proceso.

Evaluación

Es la acción de examinar, comprobar o valorar. Generalmente, en las diferentes fases de un proceso de selección se pueden comprobar diferentes tipos de habilidades o destrezas.

Feedback

Retroalimentación en el proceso de comunicación. Además de que el emisor lance un mensaje al receptor, debe asegurarse de alguna manera de que el receptor ha recibido e interpretado el mensaje con la intención y finalidad con que lo lanzó el emisor. Este proceso para garantizar el entendimiento en la comunicación es el *feedback*.

Habilidad

Destreza, pericia, técnica o hábito de saber hacer algo.

Logro

Resultado, consecuencia, victoria o triunfo. Es recomendable insertar en el CV todos aquellos objetivos cumplidos y alcanzados. En el caso de que sean medibles, mucho mejor.

Networking

Red de contactos en el ámbito laboral (compañeros de trabajos, clientes, proveedores, distribuidores, mayoristas, minoristas, personal de la competencia, etc.).

Objetivo

Meta, finalidad, propósito.

Perfil

Ficha o registro de un conjunto de datos. Por ejemplo: perfil del cliente, perfil del proveedor. En el caso de la búsqueda de empleo, el perfil del candidato son sus datos, junto con su experiencia laboral y sus cursos de formación.

Postulante

Candidato, aspirante, persona que demanda, solicita o pide un empleo.

Profesional

Persona experta, competitiva, capacitada o competente en el desempeño de las funciones y tareas de los puestos de trabajo que desempeña a lo largo de su vida laboral. Todo lo relativo al desempeño de un puesto de trabajo.

Reclutador

Persona que atrae, capta y selecciona al candidato más idóneo para un puesto de trabajo. En algunos casos, aunque no siempre, coincide con el papel del contratante o empleador.

Resolución

Acción de resolver o concluir un problema, conflicto o situación. Se trata de negociar hasta que ambas partes alcancen un acuerdo. Cuando no existe un conflicto como tal, las personas resolutivas proponen diferentes opciones y eligen aquella más adecuada a las circunstancias dadas.

Bibliografía

Textos electrónicos, bases de datos y programas informáticos

→ ¿Cómo construir un perfil profesional en redes sociales?, de: <https://www.linkedin.com/pulse/c%C3%B3mo-construir-un-perfil-profesional-en-redes-the-smarketer/>.

> *LinkedIn* es una de las redes sociales profesionales más populares a nivel internacional. Muchas personas expertas redactan artículos sobre el funcionamiento de esta red y sobre el comportamiento en ella, además de consejos sobre la elaboración de los perfiles.

→ Diferencias entre búsqueda activa y búsqueda pasiva de empleo, de: <https://www.gestion.org/diferencias-entre-busqueda-activa-y-busqueda-pasiva-de-empleo/>.

> Gestion.org es una web de divulgación donde se comparten noticias de temas relacionados con el mundo empresarial.

→ La Ventana de Johari y sus cuatro cuadrantes: potente herramienta de autoanálisis, de: <https://www.ceolevel.com/la-ventana-johari-4-cuadrantes-potente-herramienta-auto-analisis>.

> Ceolevel es una empresa líder en formación de gestión de proyectos.

→ Los diez mejores portales de empleo para encontrar trabajo en España 2024, de: <https://evaporto.com/10-mejores-portales-empleo-encontrar-trabajo-espana/>.

> Eva Porto es una reconocida psicóloga especializada en recursos humanos, con una amplia experiencia en procesos de selección. Dispone de una página web donde vende servicios sobre la elaboración del CV y retos para conseguir trabajo, así como un blog donde comparte noticias y artículos relacionados con el sector de los recursos humanos.

→ Orientación laboral, de:
<https://www.inefop.org.uy/docs/Orientacion%20laboral%20SERVEF.pdf>.

El SERVEF es el *Servici Valenciá d´Ocupació i Formació* (Servicio Valenciano de Ocupación y Formación). Es un servicio de la Administración pública de la Comunidad Valenciana que aporta, entre otros, servicios de orientación laboral y asesoramiento en la búsqueda de empleo. En este documento exponen las pautas del servicio de orientación laboral y el perfil del orientador.